中国特色社会主义法律体系系列丛书

总主编／陈庆立　肖义舜

经济法
知识简明读本 下

主编／朱晓娟　蔡春红

中国民主法制出版社

图书在版编目（CIP）数据

经济法知识简明读本. 下 / 朱晓娟, 蔡春红主编. ——北京: 中国民主法制出版社, 2011.12

（中国特色社会主义法律体系系列丛书 / 陈庆立　肖义舜总主编）

ISBN 978-7-80219-979-8

Ⅰ. ①经… Ⅱ. ①朱… ②蔡… Ⅲ. ①经济法—基本知识—中国 Ⅳ. ① D922.29

中国版本图书馆 CIP 数据核字（2011）第 251571 号

图书出品人：	肖启明
文案统筹：	刘海涛
责任编辑：	逯卫光　陈　曦

书　名 /	经济法知识简明读本（下）
	JINGJIFAZHISHIJIANMINGDUBEN(XIA)
作　者 /	朱晓娟　蔡春红　主编

出版·发行 /	中国民主法制出版社
地　址 /	北京市丰台区玉林里7号（100069）
电　话 /	63055259（总编室）　63057714（发行部）
传　真 /	63055259
E-mail /	MZFZ@263.net
经　销 /	新华书店
开　本 /	16 开　710 毫米 ×1000 毫米
印　张 /	16.25　字数 / 176 千字
版　本 /	2012 年 3 月第 1 版　2012 年 3 月第 1 次印刷
印　刷 /	唐山新苑印务有限公司

书　号 /	ISBN 978-7-80219-979-8
定　价 /	34.00 元
出版声明 /	版权所有，侵权必究。

（如有缺页或倒装，本社负责退换）

《中国特色社会主义法律体系系列丛书》编委会

总主编：陈庆立　　肖义舜

编委会：陈庆立　　肖义舜　　万其刚　　朱晓娟

　　　　蔡春红　　戴志强　　吴佳敏　　高民权

　　　　苏　东　　崔桂台　　孙　丽　　孙　岩

　　　　吴景明　　孙立明　　翟慧萍

出版说明

中国特色社会主义法律体系的形成,是我国社会主义民主法制建设的重要里程碑,体现了改革开放和社会主义现代化建设的伟大成果,具有重大的现实意义和深远的历史意义。

中国特色社会主义法律体系形成后,基本解决了有法可依的问题,有法必依、执法必严、违法必究的任务就更为重要,同时也对加强法制宣传教育提出了新的更高的要求。为全面落实依法治国基本方略、加快建设社会主义法治国家进程,进一步增强全社会法治观念,我国制定了第六个五年普法规划。深刻学习领会中国特色社会主义法律体系的主要内容和精神实质,正是国家"六五普法"的一项重要任务。为了在全社会掀起新一轮法制宣传教育高潮,把普法教育与法治实践紧密结合起来,深入开展社会主义法治理念教育,推进社会主义法治文化建设,弘扬社会主义法治精神,形成人人自觉学法、守法、用法和依法行政、公正司法的社会环境,由中国人民大学、中国政法大学、著名律所的专家学者和全国人大机关的有关同志共同编撰了这套丛书。

本套丛书是国家"六五普法"推荐读物，全景展示了中国法制的特色，系统剖析了中国法律的精髓。丛书紧密结合中国特色社会主义法律体系的七大部门法，即宪法及宪法相关法、民法商法、行政法、经济法、社会法、刑法、诉讼与非诉讼程序法，分别从结构内涵、法律渊源、法律原则、基本特征、基本内容等方面进行了准确、系统、简要阐述。既有从法律体系角度的宏观把握，又有从部门法角度的概括说明，既有简明理论阐释，又有经典案例剖析；既有立法渊源、立法目的考察，又有法律文本重点知识解读。本套丛书内容全面准确、通俗易懂，具有很强的可读性和实用性，是机关、企事业单位、各类社会组织法制宣传的权威用书，也是广大公民进行普法教育、依法维权的实用读本。

近年来，源源不断面世的法学著作和普法读物，让我们从中汲取了无穷的智慧和知识，有的观点被本套丛书引用，在此向熟悉的和未曾谋面的专家学者表达敬意和感谢！虽然我们本着学习、研究、探索的治学态度，力求以最好的质量奉献给广大读者，但受时间和学识所限，书中难免有不足之处，恳请读者朋友不吝赐教。

编 者

2012 年初春于北京西交民巷 23 号院

以中国特色社会主义法律体系的形成为契机，在全社会掀起新一轮法制宣传教育的高潮[1]

（代　序）

　　深入开展法制宣传教育，是党的十七大和十七届五中全会提出的一项重大任务。前不久，胡锦涛总书记专门就弘扬社会主义法治精神发表了重要讲话，中央还批转了形成中国特色社会主义法律体系的报告和开展法制宣传教育的第六个五年规划。本次常委会会议，结合听取审议国务院关于"五五"普法工作情况的报告，作出了关于进一步加强法制宣传教育的决议。我们要认真学习领会胡锦涛总书记重要讲话精神，深入贯彻落实中央文件和全国人大常委会的决议，以中国特色社会主义法律体系的形成为契机，在全社会掀起新一轮法制宣传教育的高潮，加快形成自觉学法守法用法的社会氛围，为推进依法治国、

---

〔1〕摘自2011年4月22日吴邦国委员长在十一届全国人大常委会第二十次会议上的讲话。

全面建设小康社会营造良好的法治环境。这里，我想再强调三点。

一要树立长抓不懈的思想。开展法制宣传教育，是落实依法治国基本方略、建设社会主义法治国家的一项基础性工作。早在改革开放初期，邓小平同志就深刻指出："加强法制重要的是要进行教育，根本问题是教育人。"从1986年开始，我们连续实施了五个五年普法规划，广泛普及宪法和法律知识，深入推进各项事业依法治理，取得了明显成效。同时也要看到，要把我们这样一个历史上缺乏民主法制传统的国家建设成为社会主义法治国家，真正做到全社会都崇尚法律、遵守法律、维护法律，还有大量工作要做。特别是中国特色社会主义法律体系形成后，总体上解决了有法可依的问题，加强法制宣传教育，确保法律有效实施就显得更为突出、更加紧迫。我们要充分认识法制宣传教育的重要性、长期性和紧迫性，从全面落实依法治国基本方略、加快建设社会主义法治国家的高度出发，坚持立足当前、着眼长远，扎扎实实地把这项工作不断引向深入，切实做到持之以恒、长抓不懈。

二要着重提高依法办事的能力。深入开展法制宣传教育，根本目的是增强全社会法律意识，首先是提高公职人员特别是各级领导干部的法制观念，真正做到严格依法办事，只有这样才能让老百姓服气，才能在全社会形成良好的法治氛围。当前，我国既处于发展的重要战略机遇期，又处于社会矛盾凸显期，各种人民内部矛盾和社会矛盾多发，影响社会和谐的不稳定因素增多。坦率地讲，老百姓反映强烈的食品安全、征地拆迁、环境保护等方面的突出问题，并不是无法可依，也不能说领导干部和公职人员完全不知法，关键是在实际工作中不按法律办事，另搞一套，使得本来可以预防和化解的矛盾酿成了大问题。还有的甚至以权谋私、徇私枉法，严重损害人民群众切身利益，在社会上产生了很坏的影响。各级领导干部和公职人员要做学法守法用法的表率，熟练掌握依法行使职权必备的法律知识，牢固树立社会主义法治理念，严格依照法定权限和程序行使权力、履行职责，着力提高依法办事的能力和水平，在法治轨道上推动国家各项工作开展，保证把人民赋予的权力真正用来为人民谋利益。

三要紧密与法治实践相结合。深入开展法制宣传教育，关键是要增强实效。从这些年的实践看，很重要的一条经验，就是把普法教育与法治实践紧密结合起来，与我们正在做的事情紧密结合起来，在运用法律解决实际问题的过程中学习法律知识、增强法律意识、树立法治理念。要着眼于满足人民群众的实际法律需求，加强与人民群众生产生活密切相关的法律法规宣传，引导群众依法表达合理诉求、调解矛盾纠纷，善于运用法律维护自身合法权益。要认真总结以往法制宣传教育的好经验好做法，根据不同对象确定普法重点，采取群众喜闻乐见的方式，增强宣传教育的针对性和实效性。人大及其常委会要把立法和监督工作与法制宣传教育有机结合起来，进一步扩大公民对立法工作的有序参与，不断提高监督工作透明度，使立法和监督工作的过程成为宣传和普及法律、弘扬法治精神的过程。国家行政机关、审判机关、检察机关要在推进依法行政、公正司法的实践中，自觉学法守法用法，自觉接受人民监督，使执法和司法的过程也成为宣传和普及法律、弘扬法治精神的过程。

目　录

以中国特色社会主义法律体系的形成为契机，

在全社会掀起新一轮法制宣传教育的高潮（代序） ………… 1

第七章　市场规制法 …………………………………………… 1

 第一节　市场规制法概述 …………………………………… 1

  一、市场规制和市场规制法的含义 ……………………… 1

  二、市场规制法的调整对象 ……………………………… 2

  三、市场规制法的价值 …………………………………… 3

  四、市场规制法的宗旨 …………………………………… 3

  五、市场规制法的基本原则 ……………………………… 3

  六、市场规制法的体系构成 ……………………………… 5

 第二节　市场竞争法、质量和技术监督法概述 …………… 6

  一、市场竞争法概述 ……………………………………… 6

  二、质量和技术监督法概述 ……………………………… 8

  ☆《中华人民共和国反不正当竞争法》重点知识解读 ………… 13

一、立法背景 ………………………………………………… 13
　　二、主要内容 ………………………………………………… 14
　　三、典型案例 ………………………………………………… 18
☆《中华人民共和国反垄断法》重点知识解读 ……………… 20
　　一、立法背景 ………………………………………………… 20
　　二、主要内容 ………………………………………………… 21
　　三、典型案例 ………………………………………………… 26
☆《中华人民共和国广告法》重点知识解读 ………………… 27
　　一、立法背景 ………………………………………………… 27
　　二、主要内容 ………………………………………………… 28
　　三、典型案例 ………………………………………………… 33
☆《中华人民共和国计量法》重点知识解读 ………………… 34
　　一、立法背景 ………………………………………………… 34
　　二、主要内容 ………………………………………………… 35
　　三、典型案例 ………………………………………………… 37
☆《中华人民共和国产品质量法》重点知识解读 …………… 38
　　一、立法背景 ………………………………………………… 38
　　二、主要内容 ………………………………………………… 39
　　三、典型案例 ………………………………………………… 43
☆《中华人民共和国标准化法》重点知识解读 ……………… 44
　　一、立法背景 ………………………………………………… 44
　　二、主要内容 ………………………………………………… 45
　　三、典型案例 ………………………………………………… 46

☆《中华人民共和国进出口商品检验法》重点知识解读 …… 48

 一、立法背景 …… 48

 二、主要内容 …… 48

 三、典型案例 …… 51

第三节 审计、统计、价格法概述 …… 53

 一、审计法律制度概述 …… 53

 二、统计法律制度概述 …… 54

 三、价格法律制度概述 …… 56

☆《中华人民共和国审计法》重点知识解读 …… 57

 一、立法背景 …… 57

 二、主要内容 …… 58

 三、2006年修法亮点 …… 60

 四、典型案例 …… 61

☆《中华人民共和国统计法》重点知识解读 …… 62

 一、立法背景 …… 62

 二、主要内容 …… 63

 三、2009年修法亮点 …… 64

 四、典型案例 …… 66

☆《中华人民共和国价格法》重点知识解读 …… 67

 一、立法背景 …… 67

 二、主要内容 …… 68

 三、典型案例 …… 71

第四节 土地管理、建筑概述 …… 72

一、土地管理制度概述 ·· 72

　　二、建筑制度概述 ·· 73

☆《中华人民共和国建筑法》重点知识解读 ···················· 76

　　一、立法背景 ·· 76

　　二、主要内容 ·· 77

　　三、2011年修法亮点 ·· 80

　　四、典型案例 ·· 81

☆《中华人民共和国土地管理法》重点知识解读 ················ 82

　　一、立法背景 ·· 82

　　二、主要内容 ·· 84

　　三、典型案例 ·· 86

☆《中华人民共和国城市房地产管理法》重点知识解读 ········· 88

　　一、立法背景 ·· 88

　　二、主要内容 ·· 89

　　三、2007年修法亮点 ·· 92

　　四、典型案例 ·· 92

第五节　能源法概述 ·· 94

　　一、能源法的概念 ·· 94

　　二、能源的立法原则 ·· 94

　　三、能源法的法律制度 ·· 95

　　四、能源法的法律法规体系 ···································· 96

☆《中华人民共和国矿产资源法》重点知识解读 ················ 98

　　一、立法背景 ·· 98

　　二、主要内容 ·· 99

三、典型案例 ………………………………………………………… 100

☆《中华人民共和国电力法》重点知识解读 …………………………… 101

　　一、立法背景 ………………………………………………………… 101

　　二、主要内容 ………………………………………………………… 102

　　三、典型案例 ………………………………………………………… 104

☆《中华人民共和国煤炭法》重点知识解读 …………………………… 104

　　一、立法背景 ………………………………………………………… 104

　　二、主要内容 ………………………………………………………… 105

　　三、2011年修法亮点 ………………………………………………… 108

　　四、典型案例 ………………………………………………………… 108

☆《中华人民共和国节约能源法》重点知识解读 ……………………… 110

　　一、立法背景 ………………………………………………………… 110

　　二、主要内容 ………………………………………………………… 111

　　三、2007年修法亮点 ………………………………………………… 113

　　四、典型案例 ………………………………………………………… 114

☆《中华人民共和国可再生能源法》重点知识解读 …………………… 115

　　一、立法背景 ………………………………………………………… 115

　　二、主要内容 ………………………………………………………… 116

　　三、2009年修法亮点 ………………………………………………… 117

　　四、典型案例 ………………………………………………………… 119

☆《中华人民共和国石油天然气管道保护法》重点知识解读 ………… 120

　　一、立法背景 ………………………………………………………… 120

　　二、主要内容 ………………………………………………………… 120

　　三、典型案例 ………………………………………………………… 121

第六节　公路、民用航空、邮政法概述 …………………………… 122

　　一、公路法概述 ………………………………………………… 122

　　二、民用航空法概述 …………………………………………… 124

　　三、邮政法概述 ………………………………………………… 125

☆《中华人民共和国公路法》重点知识解读 …………………… 128

　　一、立法背景 …………………………………………………… 128

　　二、主要内容 …………………………………………………… 128

　　三、典型案例 …………………………………………………… 132

☆《中华人民共和国港口法》重点知识解读 …………………… 133

　　一、立法背景 …………………………………………………… 133

　　二、主要内容 …………………………………………………… 133

　　三、典型案例 …………………………………………………… 135

☆《中华人民共和国民用航空法》重点知识解读 ……………… 136

　　一、立法背景 …………………………………………………… 136

　　二、主要内容 …………………………………………………… 137

　　三、典型案例 …………………………………………………… 139

☆《中华人民共和国邮政法》重点知识解读 …………………… 140

　　一、立法背景 …………………………………………………… 140

　　二、主要内容 …………………………………………………… 141

　　三、2009年修法亮点 …………………………………………… 143

　　四、典型案例 …………………………………………………… 144

☆《中华人民共和国海域使用管理法》重点知识解读 ………… 145

　　一、立法背景 …………………………………………………… 145

　　二、主要内容 …………………………………………………… 146

三、典型案例 ··· 148

第七节 水利、农林牧渔法概述 ·································· 149

  一、水利方面的法律法规 ····································· 149

  二、农林牧渔方面的法律法规 ································· 150

☆《中华人民共和国水法》重点知识解读 ························· 152

  一、立法背景 ··· 152

  二、主要内容 ··· 153

  三、典型案例 ··· 156

☆《中华人民共和国水土保持法》重点知识解读 ··················· 158

  一、立法背景 ··· 158

  二、主要内容 ··· 158

  三、2010年修法亮点 ·· 160

  四、典型案例 ··· 161

☆《中华人民共和国防洪法》重点知识解读 ······················· 162

  一、立法背景 ··· 162

  二、主要内容 ··· 163

  三、典型案例 ··· 165

☆《中华人民共和国农业法》重点知识解读 ······················· 166

  一、立法背景 ··· 166

  二、主要内容 ··· 167

  三、典型案例 ··· 169

☆《中华人民共和国农业技术推广法》重点知识解读 ··············· 171

  一、立法背景 ··· 171

二、主要内容 …… 172

三、典型案例 …… 172

☆《中华人民共和国农业机械化促进法》重点知识解读 …… 173

一、立法背景 …… 173

二、主要内容 …… 174

☆《中华人民共和国农产品质量安全法》重点知识解读 …… 176

一、立法背景 …… 176

二、主要内容 …… 177

三、典型案例 …… 178

☆《中华人民共和国种子法》重点知识解读 …… 179

一、立法背景 …… 179

二、主要内容 …… 180

三、典型案例 …… 182

☆《中华人民共和国森林法》重点知识解读 …… 183

一、立法背景 …… 183

二、主要内容 …… 184

三、典型案例 …… 186

☆《中华人民共和国畜牧法》重点知识解读 …… 187

一、立法背景 …… 187

二、主要内容 …… 188

三、典型案例 …… 189

☆《中华人民共和国草原法》重点知识解读 …… 190

一、立法背景 …… 190

  二、主要内容 ……………………………………………………… 191

  三、典型案例 ……………………………………………………… 192

☆《中华人民共和国渔业法》重点知识解读 ……………………… 193

  一、立法背景 ……………………………………………………… 193

  二、主要内容 ……………………………………………………… 194

  三、典型案例 ……………………………………………………… 195

☆《中华人民共和国动物防疫法》重点知识解读 ………………… 196

  一、立法背景 ……………………………………………………… 196

  二、主要内容 ……………………………………………………… 197

  三、典型案例 ……………………………………………………… 199

☆《中华人民共和国进出境动植物检疫法》重点知识解读 ……… 200

  一、立法背景 ……………………………………………………… 200

  二、主要内容 ……………………………………………………… 201

  三、典型案例 ……………………………………………………… 202

第八节　外贸法概述 ……………………………………………… 203

  一、外贸法的概念和特征 ………………………………………… 203

  二、我国现行对外贸易法律制度 ………………………………… 205

☆《中华人民共和国对外贸易法》重点知识解读 ………………… 206

  一、立法背景 ……………………………………………………… 206

  二、主要内容 ……………………………………………………… 207

  三、修法亮点 ……………………………………………………… 209

  四、典型案例 ……………………………………………………… 211

☆《中华人民共和国台湾同胞投资保护法》重点知识解读 ……… 213

一、立法背景 …………………………………………………… 213

　　二、主要内容 …………………………………………………… 213

　　三、典型案例 …………………………………………………… 214

第九节　经济促进法概述 ………………………………………… 215

☆《中华人民共和国乡镇企业法》重点知识解读 ……………… 216

　　一、立法背景 …………………………………………………… 216

　　二、主要内容 …………………………………………………… 217

　　三、典型案例 …………………………………………………… 218

☆《中华人民共和国中小企业促进法》重点知识解读 ………… 219

　　一、立法背景 …………………………………………………… 219

　　二、主要内容 …………………………………………………… 220

☆《中华人民共和国清洁生产促进法》重点知识解读 ………… 222

　　一、立法背景 …………………………………………………… 222

　　二、主要内容 …………………………………………………… 222

　　三、典型案例 …………………………………………………… 224

☆《中华人民共和国循环经济促进法》重点知识解读 ………… 225

　　一、立法背景 …………………………………………………… 225

　　二、主要内容 …………………………………………………… 226

　　三、典型案例 …………………………………………………… 227

附录：全国人民代表大会常务委员会关于
　　　进一步加强法制宣传教育的决议 ……………………………… 229

　　司法部部长吴爱英就落实"六五"普法规划答记者问 ……… 233

第七章 市场规制法

第一节 市场规制法概述

一、市场规制和市场规制法的含义

市场是指商品的交换场所和领域，也指商品交换的总和。对市场的规制，主要是指对市场交易行为的规制，规制的方法，是设立交易规则，并确立市场管理制度以保障这些交易规则的贯彻执行。设立交易规则，是民商法与经济法共同的任务，而通过政府保障交易规则的贯彻执行，则是经济法特有的任务。从政府保障交易规则的贯彻执行这个特定角度来看，对市场的规制，也是对市场的管理。

市场规制法是调整在国家权力直接干预市场，调节市场结构，规范市场行为，维护市场秩序，保护和促进公平竞争的过程中产生的各种经济关系的法律规范的总称。简言之，市场规制法就是调整市场规制关系的法律规范的总称。

市场规制法是经济法的有机组成部分，市场规制法基本原则的研究也必将为进一步研究经济法的基本原则提供强有力的支持。

二、市场规制法的调整对象

市场规制法是政府代表国家干预市场的表现，体现为政府对市场的管理。市场规制法调整市场经营者之间的竞争关系、产品质量关系等交易关系，这些是平等市场主体之间的交易关系，原为民法所调整，随着市场经济的发展，此类关系也为经济法所调整。如对不正当竞争行为以及生产、提供不符合国家质量标准的产品等行为，政府及其所属部门可以对违法行为人进行处罚，也可以宣告当事人之间的行为无效（如根据反不正当竞争法的规定确认因恶意串通而中标无效），这些都体现了政府对民事关系的直接干预，这种干预，是一种主动干预，不管当事人是否请求政府主管机关进行处理，政府机关都可以依法介入、依法处理。

市场规制法还调整政府与市场主体之间的关系，如对竞争等民事关系的干预和调整，同时又必然产生政府与市场主体之间的管理关系。这种关系可以直接称为交易管理关系，具体地说，是对市场主体交易行为进行管理产生的关系。这种管理，可以是市场主体发生争议或出现违法行为后的查处，也可以事先监督检查，如对产品质量从源头上进行控制，以确保公共利益。

市场规制法是授权法，又是制约法。市场规制法授予政府直接干预交易行为的权力，同时也限制了这种权力，把这种权力控制在一定范围，纳入一定的程序之中，规范了政府的干预行为。因此，有的学者认为，市场规制法是针对市场失灵和政府失灵进行调整的法，这种观点颇具参考价值。

三、市场规制法的价值

市场规制法具有以下价值：

公平价值：指市场规制法在增进社会公平上的有用性，也就是市场规制法能否或在多大程度上增进社会的公平。它有显著的特殊性，即侧重于实质公平、结果公平。

效率价值：指市场规制法在提高资源配置效率、促进技术进步和增进社会整体福利等方面的有用性。

秩序价值：指市场规制法在恢复、维护和增进市场秩序方面的有用性。

四、市场规制法的宗旨

初级宗旨：通过规制垄断行为和不正当竞争行为，调整市场规制关系，恢复和维护公平竞争机制，提高市场配置资源的效率，保护经营者和消费者的权利和利益。

终极宗旨：通过初级宗旨的达成，不断解决个体营利性和社会公益性的矛盾，克服市场失灵，保障社会公益和基本人权，促进经济的稳定增长，实现经济和社会的良性互动与协调发展。

五、市场规制法的基本原则

（一）国家干预适度原则

国家干预经济生活要从社会公益的角度出发，把握适度、得当。在国家干预适度原则中，"适度"是一个高度抽象的、弹性的标准。国家干预适度原则，要求避免过度干预。凡事皆有度，过犹不及，适可而止。在市场经济条件下，国家对市场完全放开，将会导致市场的无序和失范；但如果完全禁止，无限制地干预，则会窒息市场主体的活力，破坏市场运行规律，进而阻碍经济发展。

因此，国家在进行市场规制时，既要有限制又要有允许，既要有禁止又要有鼓励，既要有原则又要有例外。市场规制法的制定和实施，均须在法定的范围内，以实现绩效的最大化和公平的均衡化作为制约规制手段选择、节制规制权力运行的力度的基准，最终目标都是试图通过对国家干预适度的把握，以保障市场机制调节功能的充分实现。

（二）维护公平竞争原则

国家要为当事人创造一个公平的竞争环境和竞争条件，使他们能够在相同的条件和外部环境中参与竞争，促进竞争机制在市场中发挥积极作用。公平竞争包含了两个内在要求，即市场主体的法律地位平等和市场机会的均等。市场主体法律地位平等，要求参与竞争的市场主体处于平等的法律地位，服从同一法律规则；市场机会均等则要求每一个参与竞争的市场主体都享有平等的竞争机会，能够自由地参与竞争。法律维护形式公平就是要对主体不分差别地进行一体保护，而法律维护实质公平就是要区分主体在各方面的差异，通过对强者的相对抑制和对弱者的相对扶持，来大致实现差异主体间的利益均衡。随着市场竞争理论和实践的发展，保护公平竞争不再是要完全消除垄断，而是要将其控制在一个合理的范围内。

（三）社会公益原则

社会公益原则，是指国家规制市场经济生活要以社会公益为基本的出发点和最终归宿。也就是说，在国家干预市场、调整市场结构、规范市场行为、维护市场秩序、保护和促进公平竞争的过程中要始终以社会公益为基本尺度,社会公共利益至上。在市场规制法领域,一切价值判断都应以社会公共利益为最高标准,这个标准应当贯穿于整个市场规制法的法制建设过程中,并且是各种市场规制法的法律规范不得违反的。保证社会整体效益的实现,始终都是市场规制法所要追求的最终价值目标。

六、市场规制法的体系构成

市场规制法体系主要由市场规制一般法、市场规制特别法和市场规制相关法构成。

(一) 市场规制一般法

主要有:1.市场准入法,如企业登记法等;2.反不正当竞争法;3.反垄断法;4.消费者权益保护法;5.质量规制法,如产品质量法、标准化法等;6.价格规制法,如价格法、反暴利法等;7.合同规制法;8.中介服务规制法,如广告法、拍卖法等。

(二) 市场规制特别法

主要有金融市场监管法、劳动力市场监管法、房地产市场监管法、电讯市场监管法等。

(三) 市场规制相关法

主要有企业法、侵权责任法、合同法、知识产权法等。由于市场规制法与相关法律部门交叉,在设计市场规制法体系的结构时,学界存在不同看法。

第二节 市场竞争法、质量和技术监督法概述

一、市场竞争法概述

市场规制法不是一部法典,而是相关法律的集合,是一个有机的统一体,在这个有机体中,各个部分相互配合、相互协调地发挥作用。

(一)市场竞争的概念

市场竞争是市场经济中同类经济行为主体为着自身利益的考虑,以增强自己的经济实力,排斥同类经济行为主体的相同行为的表现。市场竞争的内在动因在于各个经济行为主体自身的物质利益驱动,以及为丧失自己的物质利益被市场中同类经济行为主体所排挤的担心。

通常,我们按市场竞争的程度把市场竞争划分为如下两种类型:

1. 完全竞争

指一种没有任何外在力量阻止和干扰的市场情况。

2. 不完全竞争

一般是指除完全竞争以外有外在力量控制的市场情况。不完全竞争包括以下三种类型:(1)完全垄断;(2)垄断竞争;(3)寡头垄断。

(二)市场竞争法的概念

市场竞争法是调整市场竞争关系和市场竞争管理关系的法律规范的总称。市场竞争关系,指市场主体之间在竞争过程中所形成的社会关系。

市场竞争法是主要通过下列方式实现的:

1．用立法形式确认市场经济体制，创设平等、公正的竞争条件，保证市场主体的公平竞争；

2．确认和保护正当的合法竞争关系，保证竞争机制的正常运行及竞争功能的发挥；

3．宣布不正当竞争为非法，避免竞争的消极作用；

4．禁止非法垄断行为，为开展竞争开辟道路，扫清障碍。

（三）有关调整市场竞争关系的主要法律

市场竞争法是调整市场竞争关系的法律规范的总称。市场竞争法主要包括反垄断法和反不正当竞争法。反垄断法对垄断行为进行规制。反垄断法所反对的垄断，是指经营者违反法律规定，在特定市场内滥用市场地位或者与其他经营者合谋，排除或限制竞争，损害其他经营者、损害消费者的行为。反垄断的立法，对制止非法垄断行为，维护公平和自由的竞争，保护消费者、经营者的合法权益，促进市场竞争的健康发展，具有重要的作用和意义。反不正当竞争法对竞争行为进行规制。反不正当竞争法所反对的不正当竞争，是指违背诚实信用原则和良好经营习惯、道德风尚，破坏竞争秩序的行为。

从对市场竞争关系的调整看，反垄断法和反不正当竞争法是从两个不同的角度保障和促进竞争的：反垄断法力图创造一个开放的、平等的竞争环境，防止市场被个别企业或企业集团所操纵、垄断，或者打破、消除少数企业市场的独占状态，保障市场进入自由公平的竞争环境；反不正当竞争法则引导市场主体具体的竞争行为，其目的是制止以不正当的方式进行竞争的行为，使经营者、消费者免受虚假、欺诈、不公正的竞争行为之害。我国的反不正当竞争法列举了几种不正当竞争行为，但其中包括了一些垄断和限制竞争的行为，没有将狭义的不正当竞争行为与垄断行为区分。另外，反不正当竞争法对政府部门查处不正当竞争行为的职权等作出了规定。

二、质量和技术监督法概述

(一) 质量法体系

1．质量立法概述

西方在前资本主义和自由资本主义时期，质量立法主要表现为民商事立法。20世纪以后逐步扩展到质量监管立法、国家标准立法、特殊商品管制立法、消费者法以及国际标准的借鉴等。我国现行质量立法包括质量管理体制、质量管理措施、特殊商品质量管理、质量责任和义务、质量纠纷和解决途径以及其他质量管理规范。

2．质量管理体制

质量管理体制是指一国质量管理机构的设置以及权责配置制度。我国实行统筹规划、分级管理的质量管理体制。国家质量监督检验检疫总局主管全国质检工作，认证许可和标准化行政管理职能则分别由中国国家认证认可监督管理委员会和中国国家标准化管理委员会承担。国务院有关部门在各自职责范围内负责产品质量监督工作。

县级以上地方产品监督部门主管本行政区域内的产品监督工作，县级以上其他部门在各自职责范围内负责产品质量监督工作。

其他机构或部门依照法定职权可以对特定产品或服务质量进行监督检查。

3．质量管理的主要制度

(1) 质量立法及其适用

我国质量管理的基本立法是产品质量法，其具有自身的特点。

第一,将产品质量管理与产品责任规定在一起。第二,产品概念。第三,质量管理体现政府主导下的全面质量管理。第四,产品质量内容划分为生产者、销售者的产品质量责任和义务与损害赔偿责任。

(2) 国家质量政策

国家质量政策是国家指导质量管理活动的目标规划,1985年"七五"计划中将产品质量首次提升到战略高度,并提出质量目标。

产品质量法从国家法律层面明确了政府对于产品质量的相关责任。

(3) 工业产品生产许可证制度

生产许可证是政府赋予企业生产某项产品的资格凭证,是对企业产品质量认可的一种证明文件,也是一种市场准入措施。

(4) 质量体系认证和质量认证制度

质量体系是指为实施质量管理所需的组织机构、程序、过程和资源。企业质量体系认证是指依据国际通用的"质量管理和质量保证"系列标准,经过认证机构对企业的质量体系进行审核,通过颁发认证证书的形式,证明企业的质量体系和质量保证能力符合相应要求的活动,实行自愿原则。

产品质量认证制度是指依据具有国际水平的产品标准和技术要求,经过认证机构确认并通过颁发认证证书和产品质量认证标志的形式,证明产品符合相应标准和技术要求的活动,分为安全认证和合格认证。

(5) 名牌产品战略

中国名牌产品指实物质量达到国际同类产品先进水平、在国内同类产品中处于领先地位、市场占有率和知名度居行业前列、用户满意程度高、具有较强市场竞争力的产品。

中国名牌战略推进委员会统一组织实施中国名牌产品的评价工作,并推进中国名牌产品的宣传、培育工作。

(6) 质量抽查制度

国家对产品质量实行以抽查为主要方式的监督检查制度。

(7) 产品召回制度

产品召回制度是指产品进入流通领域后，如果发现存在可能危害消费者健康、安全的缺陷时，产品的制造者或销售者应当及时采取有效措施，在政府监督下收回流通中的缺陷产品，以避免危害发生的制度。此制度发源于美国，我国对此也有相关规定。

(8) 社会质量监督制度

任何单位和个人有权对违反产品质量法规定的行为，向产品质量监督部门或者其他有关部门检举。

(9) 产品质量责任

产品质量责任是指产品的生产者、销售者违反产品质量法的规定，不履行法律规定的义务，应当依法承担的法律后果。产品责任指因产品存在缺陷给他人人身、财产造成损害的侵权责任。

(二) 技术监督及其立法

技术监督是质量管理的基础性工作，主要包括标准化管理和计量管理。

技术监督法是规定国家技术标准、明确技术管理职责和工作程序的法律规范体系，主要包括技术规范和管理规范两部分内容，主要分为标准化法和计量法。

1. 标准化法概述

标准是为取得国民经济的最佳效果，依据科学技术和实践经验的综合成果，在充分协商的基础上，对经济技术活动中具有多样性、相关性特征的重复事物，以特定程序和形式颁发的统一规定。其本质特征是统一。标准化是制定、发布和实施标准的过程,随着人类社会的进步而不断发展。实行标准化制度对现代社会具有重要意义。标准化法是规范标准的制定和实施活动的法,按规范属性的不同可分为标准管理法和标准法。

2. 计量法概述

计量是运用法定的形式和技术手段,为实现量的单位统一、量值准确可靠的目的而进行的测量,是法制化的测量活动,是质量管理的基础工作。

计量法是调整计量活动的法,内容包括计量管理体制、计量单位、计量器具、计量检定、计量检测、计量认证、计量纠纷解决和计量责任等。很多国家制定了计量法,我国也不例外。

3. 标准化制度

(1) 我国标准体系

我国的标准主要有国家标准、行业标准、地方标准、企业标准、强制性标准和推荐性标准。

(2) 制定标准的原则

制定标准的原则有安全、健康、环保,保护消费者;合理高效;协调配套;促进外贸;发挥社会团体作用;适时复审。

(3) 国际标准的采用和转化

采用国际标准是指将国际标准的内容,经过分析研究和试验验证,等同或修改转化为我国标准,并按我国标准审批发布程序审批发布。制定我国标准应当以相应国际标准为基础。我国标准与国际标准的对应关系包括等同、修改、非等效。国家制定国际标准转化规划和政策。

4. 计量制度

(1) 法定计量单位

我国采用国际单位制，我国计量单位一律采用《中华人民共和国法定计量单位》。

(2) 计量器具

计量器具是指能用以直接或间接测出被测对象量值的装置、仪器仪表、量具和用于统一量值的标准物质，包括计量基准、计量标准和工作计量器具。

(3) 计量检定

计量检定是指为评定计量工具器具的计量性能，确定其是否合格所进行的全部工作，是统一量值、确保计量器具量值准确的重要措施，分为强制检定和非强制检定。

(4) 计量器具的管理

计量器具的管理包括计量器具许可证和修理计量器具许可证的管理；制造、修理计量器具的企事业单位对计量器具的检定。

(三) 质量、技术监督相关的法律法规

我国建立起比较完整的包括行政管理、法律法规、技术保障和中介服务等方面的质量技术监督体系。质量、技术监督主要包括如下法律法规：

1．《技术监督行政案件现场处罚规定》；

2．《技术监督行政案件办理程序的规定》；

3．《质量技术监督行政复议实施办法》；

4．《中华人民共和国计量法》；

5．《中华人民共和国计量法实施细则》；

6．《中华人民共和国标准化法》；

7．《中华人民共和国标准化法实施条例》；

8.《计量违法行为处罚细则》;

9.《中华人民共和国产品质量法》;

10.《中华人民共和国认证认可条例》;

11.《中华人民共和国工业产品生产许可证管理条例》;

12.《关于印发〈产品标识标注规定〉的通知》;

13.《产品质量申诉处理办法》。

☆《中华人民共和国反不正当竞争法》重点知识解读

一、立法背景

随着改革开放实践的发展和认识的深化,我国经济体制正在从高度集中的社会主义计划经济体制向社会主义市场经济体制过渡。竞争是市场活动的核心,是市场经济中占主导地位的最重要的调节器。

然而,竞争同世界上的任何事物一样具有两重性。由于利益动机的影响,也可以产生消极的企业行为和社会效果。在我国现实生活中,不正当竞争行为不但存在,而且有些已经发展得相当严重,具有以下几个特点:

第一,不正当竞争行为相当普遍。全国各地,各行各业,各类市场活动的主体都有不正当竞争行为的发生。

第二,在各类不正当竞争行为中,制售假冒商品,制作发布虚假广告,不正当的有奖销售,商业贿赂等行为表现特别突出。

第三,在各种不正当竞争行为中,搭售或附加其他不合理条件从事市场交易的行为,串通投标行为,地方经济封锁和部门垄断等行为,是我国市场活动中所产生的不正当竞争行为。

因此,我国于1993年9月2日第八届全国人民代表大会常务委员会第三次会议通过了《中华人民共和国反不正当竞争法》,中华人民共和国自1993年12月1日起施行。反不正当竞争法的制定和实施,对市场竞争行为进行了法律规范,对一切公平竞争进行鼓励和保护,对各种不正当竞争行为进行制止和惩罚。保障经营者在市场活动中公开、公平地进行竞争,鼓励诚实的经营者通过自己的努力,取得市场优势,获得良好的经济效益。使市场活动始终保持竞争的公平性和有效性,使竞争始终成为企业发展的动力,带动整个社会生产力的不断提高。

二、主要内容

《中华人民共和国反不正当竞争法》共5章33条,主要包括不正当竞争行为、监督检查、法律责任三个方面的内容。

(一) 不正当竞争行为

1. 不正当竞争行为的概念

不正当竞争行为,是指经营者违反法律规定,损害其他经营者的合法权益,扰乱社会秩序的行为。

不正当竞争行为的种类主要有:

(1) 采用假冒或混淆等不正当手段从事市场交易的行为;

(2) 商业贿赂行为;

(3) 利用广告或其他方法,对商品作引人误解的虚假宣传行为;

(4) 侵犯商业秘密行为;

（5）违反本法规定的有奖销售行为；

（6）诋毁竞争对手商业信誉、商品声誉的行为；

（7）公用企业或者其他依法具有独占地位的经营者限定他人购买其指定的经营者的商品，以排挤其他经营者公平竞争的行为；

（8）以排挤竞争对手为目的，以低于成本的价格倾销商品的行为；

（9）招标、投标中的串通行为；

（10）政府及其所属部门滥用行政权力限制经营者正当经营活动和限制商品地区间正当流通行为；

（11）搭售商品或附加其他不合理条件的行为。

2．不正当竞争行为的特征

不正当竞争行为具有以下特征：

（1）不正当竞争行为的主体是经营者。

所谓经营者，是指从事商品经营或营利性服务的法人、其他经济组织和个人。非经营者不是竞争行为主体，所以也不能成为不正当竞争行为的主体。但是在有些情况下，非经营者的某些行为也会妨害经营者的正当经营活动，侵害经营者的合法权益，这种行为也是反不正当竞争法的规制对象。比如，政府及其所属部门滥用行政权力妨害经营者的正当竞争行为就是这种类型。

（2）不正当竞争行为是违法行为。

不正当竞争行为的违法性，主要表现在违反了反不正当竞争法的规定，既包括违反了第二章关于禁止各种不正当竞争行为的具体规定，也包括违反了该法第二条的原则规定。经营者的某些行为虽然表面上难以确认为该法明确规定的不正当竞争行为，但是，只要违反了自愿、平等、公平、诚实信用原则或违反了公认的商业道德，损害了其他经营者的合法权益，扰乱了社会经济秩序，也应认定为不正当竞争行为。

(3) 不正当竞争行为侵害的客体是其他经营者的合法权益和正常的社会经济秩序。

不正当竞争行为的破坏性主要体现在：危害公平竞争的市场秩序；阻碍技术进步和社会生产力的发展；损害其他经营者的正常经营和合法权益，使守法经营者蒙受物质上和精神上的双重损害。有些不正当竞争行为，如虚假广告和欺骗性有奖销售，还可能损害广大消费者的合法权益；另外，不正当竞争行为还有可能给我国的对外开放政策带来消极影响，严重损害国家利益。

3．不正当竞争行为的种类

(1) 混淆行为

混淆行为是指经营者在市场经营活动中，以种种不实手法对自己的商品或服务作虚假表示、说明或承诺，或不当利用他人的智力劳动成果推销自己的商品或服务，使用户或者消费者产生误解，扰乱市场秩序、损害同业竞争者的利益或者消费者利益的行为。

(2) 商业贿赂行为

商业贿赂行为是指经营者为争取交易机会，暗中给予交易对方有关人员和能够影响交易的其他相关人员以财物或其他好处的行为。

(3) 虚假宣传行为

虚假宣传行为是指经营者利用广告和其他方法，对产品的质量、性能、成分、用途、产地等所作的引人误解的不实宣传。

(4) 侵犯商业秘密行为

侵犯商业秘密行为是指经营者侵犯不为公众所知悉，能为权利人带来经济利益，具有实用性并经权利人采取保密措施的技术信息和经营信息的行为。

(5) 低价倾销行为

低价倾销行为是指经营者以排挤竞争对手为目的,以低于成本的价格销售商品的行为。

(6) 不正当有奖销售行为

不正当有奖销售行为是指经营者在销售商品或提供服务时,以欺骗或其他不正当手段,附带提供给用户和消费者金钱、实物或其他好处,作为对交易的奖励的行为。

(7) 诋毁商誉行为

诋毁商誉行为是指经营者捏造、散布虚假事实、损害竞争对手的商业信誉、商品声誉,从而削弱其竞争力,为自己取得竞争优势的行为。

(二) 监督检查

对不正当竞争行为的监督检查,主要包括两类:一类是国家监督检查,另一类是社会监督。

1. 国家监督检查

县级以上监督检查部门是我国实施反不正当竞争法的监督检查机关。

监督检查机关在监督检查不正当竞争行为时,依法行使下列职权:

(1) 按照规定程序询问被检查的经营者、利害关系人、证明人,并要求提供证明材料或者与不正当竞争行为有关的其他资料;

(2) 查询、复制与不正当竞争行为有关的协议、账册、单据、文件、记录、业务函电和其他资料;

(3) 检查与各种不正当竞争行为有关的财物,必要时可以责令被检查的经营者说明该商品的来源和数量,暂停销售,听候检查,被检查的经营者不得转移、隐匿、销毁该财物。监督检查部门在监督检查不正当竞争行为时,被检查的经营者、利害关系人和证明人应当如实提供有关资料或者情况。监督检查部门工作人员监督检查不正当竞争行为时，应当出示检查证件。

2. 社会监督

国家鼓励、支持和保护一切组织和个人对不正当竞争行为进行社会监督。任何国家工作人员，不得支持、包庇不正当竞争行为。

我国法律明确规定，执行监督检查不正当竞争行为的机关必须是县级以上监督检查部门。同时，监督检查部门工作人员监督检查不正当竞争行为时，应当出示检查证件。在监督检查不正当竞争行为时，被检查的经营者、利害关系人和证明人应当如实提供有关资料或者情况。

（三）法律责任

经营者违反反不正当竞争法的规定，实施损害其他经营者的合法权益、扰乱社会经济秩序的违法行为，应承担相应的法律责任：

违反反不正当竞争法的法律责任主要有三种：民事责任、行政责任和刑事责任。其中，民事责任形式包括：停止侵害；赔礼道歉；赔偿损失。行政责任主要是通过监督检查部门对不正当竞争行为的查处来实现的，主要承担方式包括：责令停止违法行为；责令改正；消除影响以及吊销营业执照等形式。

三、典型案例

美国 W 公司于 1986 年来北京投资餐馆业，其经营的餐馆已有 20 家连锁店，均使用美国加州牛肉面大王名称。该名称的牌幅用红蓝白三种颜色装饰悬挂于餐馆外。北京 Y 餐厅于 1993 年开业，在其横幅匾牌上也使用了美国加州牛肉面大王的名称，但其匾牌用红白蓝三种颜色装饰。1994 年 W 公司向法院对 Y 餐厅提起诉讼，要求 Y 餐厅承担不正当竞争的法律责任。Y餐厅以使用美国加州牛肉面大王名称系经过W公司同意和红蓝白与红白蓝装饰颜色顺序不同为理由进行答辩不构成侵权。

法院经审理认为，W公司经营的美国加州牛肉面大王餐馆及其经营的牛肉面在当地消费者中已享有知名度，牛肉面可以认定为知名商品。Y餐厅辩称W公司对其使用美国加州牛肉面大王名称及红蓝白装饰给予了授权，因所举证据不足，应认定为Y餐厅擅自使用。红蓝白与红白蓝装饰虽然颜色顺序不同，但足以引起消费者混淆辨认，所以Y餐厅的行为已构成不正当竞争行为。法院判决：1. Y餐厅立即停止使用美国加州牛肉面大王名称；2. Y餐厅10日内给付W公司商誉损失费人民币8万元、律师费人民币1.6万元，共计人民币9.6万元；3. Y餐厅在当地报纸上刊登声明就其行为向W公司道歉。

【案件评析】

商品主体混同的不正当竞争行为是商品混同不正当竞争行为的一种。商品混同行为包括商品主体、营业主体和商品质量混同三种情况。本案例即属于商品主体混同的情况。反不正当竞争法第五条第（二）项规定：擅自使用知名商品特有的名称、包装、装潢，或者使用与知名商品近似的名称、包装、装潢，造成和他人的知名商品相混淆，使购买者误认是该知名商品的行为是不正当竞争行为。法律规定的商品主体混同主要指两种情况：一是在商品上或其包装上假冒他人注册商标；二是擅自使用他人知名商品特有名称、包装、装潢或与知名商品相近似的名称、包装、装潢，造成和他人知名商品相混淆，误导消费者购买自己的商品。本案的不正当行为属于商品主体混同的第二种情况。构成此种行为的重要条件是擅自使用他人商品名称、装潢等的商品必须是知名商品。根据中国法律，知名商品是指在市场上具有一定知名度，为相关公众所知悉的商品。它不要求一种商品为全社会所知晓，而是在该商品相关的消费者中享有知名度即可。如美国加州牛肉面大王有20家连锁店，在牛肉面消费者中已有名气，就属于知名商品。商品主体混同的不正当竞争行为，对受害经营者的商业信誉和经济利益，以及消费者的权益都造成了损害，严重违反了公平、诚实信用的民法原则，应当受到法律制裁。

根据反不正当竞争法的规定，经营者的行为构成不正当竞争行为的，应当承担侵权的民事责任。其主要民事责任形式为：停止侵害；赔礼道歉；赔偿损失。停止侵害的民事责任一般在法院判决生效后当事人要立即执行或限期执行。赔礼道歉可以在法庭上口头向受害人道歉，法官也可以判决侵权人在当地报纸上公开致歉。赔偿损失是最重要、最常用的民事责任形式，赔偿损失主要以受害人实际受到的财产损失为限。本案法官在确定赔偿 W 公司损失范围时，考虑了该公司的商誉损失和进行该诉讼的部分律师费用，与其他类型的民事案件一般不赔偿律师费用形成对照，有利于保护受害者的权益。

☆《中华人民共和国反垄断法》重点知识解读

一、立法背景

随着我国经济体制改革的继续深入和对外开放的不断扩大，我国反不正当竞争法、价格法、招标投标法、电信条例等有关法律、行政法规中一些防止和制止垄断行为的规定，已经不能完全适应我国发展社会主义市场经济和参与国际竞争的需要。

鉴于反垄断法的重要性，国务院法制办邀请全国人大财经委、全国人大常委会法工委、最高人民法院等单位的负责同志成立了反垄断法审查修改领导小组，并由上述有关部门、单位指派专人参加工作小组。考虑到反垄断法具有很强的专业性和技术性，国务院法制办还从大学和研究机构聘请了10位法学、经济学专家组成专家小组。在研究借鉴国外反垄断立法有益经验的基础上，从我国经济发展的实际情况出发，对送审稿进行了反复研究、论证和修改，形成了反垄断法（草案），并于2006年6月24日送第十届全国人民代表大会常务委员会第二十二次会议审议。

2007年8月30日，第十届全国人民代表大会常务委员会第二十九次会议通过了《中华人民共和国反垄断法》，自2008年8月1日起施行。

反垄断法是保护市场竞争，维护市场竞争秩序，充分发挥市场配置资源基础性作用的重要法律制度，素有"经济宪法"之称。同时，反垄断法也是市场经济国家调控经济的重要政策工具。特别是在经济全球化的条件下，世界各国普遍重视利用反垄断法律制度，防止和制止来自国内国外的垄断行为，维护经营者和消费者合法权益，促进技术创新和技术进步，提高企业竞争力，保证国民经济的健康、持续、协调发展。

二、主要内容

《中华人民共和国反垄断法》共8章57条，主要包括垄断协议、滥用市场支配地位、经营者集中、滥用行政权力排除和限制竞争、对涉嫌垄断行为的调查五个方面的内容。

(一) 垄断协议

垄断协议，是指排除、限制竞争的协议、决定或者其他协同行为。我国反垄断法对横向垄断协议和纵向垄断协议分别作出了禁止规定。对行业协会组织本行业经营者实施垄断协议作出了禁止性规定，根据我国实际情况，规定了垄断协议的豁免条件。竞争者之间达成的关于固定价格、限制产量、划分市场以及串通招投标等垄断协议，被称为核心卡特尔，核心卡特尔是世界很多国家反垄断执法机构严厉打击的对象。核心卡特尔也很难满足我国反垄断法第十五条关于垄断协议的豁免条件所规定的"不会严重限制相关市场的竞争"及"能够使消费者分享由此产生的利益"这两个条件，是经营者经营行为的禁区。

反垄断法禁止具有竞争关系的经营者达成下列垄断协议：

1. 固定或者变更商品价格；
2. 限制商品的生产数量或者销售数量；
3. 分割销售市场或者原材料采购市场；
4. 限制购买新技术、新设备或者限制开发新技术、新产品；
5. 联合抵制交易；
6. 国务院反垄断执法机构认定的其他垄断协议。

反垄断法还禁止经营者与交易相对人达成下列垄断协议：

1. 固定向第三人转售商品的价格；
2. 限定向第三人转售商品的最低价格；
3. 国务院反垄断执法机构认定的其他垄断协议。

(二) 滥用市场支配地位

滥用市场支配地位指具有市场支配地位的经营者利用其市场支配地位所实施的妨碍竞争的行为，可分为阻碍性滥用和剥削性滥用。

阻碍性滥用：是指具有市场支配地位的经营者，利用其市场支配地位实施的、以限制和排除同业竞争者、维持和提高自身市场地位为直接目的的市场行为。具体表现有：掠夺性定价、过剩生产、独家交易、强制交易、拒绝交易和搭售、差别待遇等。

剥削性滥用：是指具有市场支配地位的经营者利用其市场支配地位实施的、以获取超利润为直接目的的市场行为。主要表现有：垄断高价、垄断低价，并且强制交易、独家交易、差别待遇也可用作剥削性滥用的具体形式。

市场支配地位，是指经营者在相关市场内具有能够控制商品价格、数量或者其他交易条件，或者能够阻碍、影响其他经营者进入相关市场能力的市场地位。

我国反垄断法不反对经营者具有市场支配地位，但严格禁止其滥用市场支配地位实施排除、限制竞争，损害消费者利益的垄断行为。反垄断法列举了垄断价格、掠夺性定价、拒绝交易、强制交易、搭售、差别待遇等典型的滥用市场支配地位行为。为了增加反垄断法的操作性，反垄断法规定了认定经营者具有市场支配地位应当依据的因素和市场支配地位推定制度。

（三）经营者集中

经营者集中是指经营者合并或者经营者通过取得股权或者资产的方式取得对其他经营者的控制权或者经营者通过合同等方式取得对其他经营者的控制权或者能够对其他经营者施加决定性影响。

经营者集中，一方面有利于形成规模经济，从而提高经济效率和企业的竞争力；另一方面又可能产生或者加强市场支配地位，导致排除或限制竞争。因此，世界各国反垄断法都对经营者集中实行必要的控制。中国反垄断法鼓励经营者通过依法实施集中等方式做大做强，同时依法规制经营者集中行为，规定经营者集中达到国务院规定的申报标准的，应当事先向国务院反垄断执法机构申报，未申报的不得实施集中。

我国反垄断法未直接规定经营者集中的申报标准，而授权由国务院规定。我们从其他国家的法律规定和自身的执法实践中认识到，经营者集中申报标准的指标应当客观、明了、可量化，如以资产额、销售额以及集中的交易额等为指标规定申报标准，使得经营者和反垄断执法机构能够清楚地判断出其拟进行的集中行为是否需要申报。同时，我们关注到，各国反垄断法都是根据本国经济的发展阶段、发展水平、市场竞争状况等情况并结合一定时期的产业政策，确定各自的申报标准，具体的标准差别很大。中国现阶段经济发展中的一个主要问题是，产业集中度不高，许多企业达不到规模经济要求，竞争力不高。从中国现阶段经济发展的实际情况出发，中国反垄断法对经营者集中的规定，既要有利于企业通过依法兼并做大做强、发展规模经济，提高产业集中度，增强竞争能力，又要防止经营者过度集中形成垄断。因此，经营者集中的具体申报标准要合理、适度。

（四）滥用行政权力排除、限制竞争

滥用行政权力排除、限制竞争，是指行政机关和法律、法规授权的具有管理公共事务职能的组织违反该法规定，亵渎行政权力的神圣职能，只凭自己的意志任意排除、限制市场活动中的竞争的错误行为。

针对我国市场经济中存在的行政机关及公共组织滥用行政权力排除、限制市场竞争的行政性垄断的具体表现及其危害，我国反垄断法第五章对滥用行政权力排除、限制竞争行为进行了专门规定，列举了强制交易、地区封锁（包括限制商品在地区间流通、阻碍外地经营者参加本地招投标活动、以不公平方式设定市场准入等）、强制经营者从事垄断行为等滥用行政权力排除、限制竞争行为，比较全面地涵盖了我国目前存在的滥用行政权力排除、限制竞争行为的主要表现形式。同时，反垄断法还专门针对含有限制竞争内容的抽象行政行为作了专门规定，要求"行政机关不得滥用行政权力，制定含有排除、限制竞争内容的规定"。

（五）对涉嫌垄断行为的调查

对于涉嫌垄断的行为，有权作出调查的组织是反垄断执法机构。除此之外，任何单位和个人有权向反垄断执法机构举报，反垄断组织会为这些群体保密，同时会及时对举报的情况进行调查，真正履行自身的职责。

实践中，对垄断行为的调查较为复杂，时间长、成本高，而且如果没有经营者的配合，消除垄断行为的后果也较困难。因此，反垄断法第六章设计了"经营者承诺制度"。这一制度已在国外许多国家实行。反垄断执法是为了预防和制止垄断行为，处罚只是辅助手段，经营者承诺在反垄断执法机构认可的期限内采取具体措施消除其后果，以换取中止调查，应当鼓励。但是，经营者的承诺不能成为反垄断执法机构证明经营者从事了垄断行为的证据。承诺制度对被调查的经营者的要求是：在反垄断执法机构认可的期限内采取具体措施消除该行为的后果，经营者承诺采取的措施应当是有效的和切实可行的，该措施应当能够在反垄断执法机构认可的合理期限内消除该行为的后果。对于经营者的承诺，反垄断执法机构没有必须接受的义务，决定终止调查属于反垄断执法机构的自由裁量权，由反垄断执法机构根据承诺执行情况和实际效果决定。

三、典型案例

白蚁防治研究所原系案外人湖州市规划与建设局下属的一个事业单位，于 2005 年 10 月通过改制成为有限责任公司，经营范围为白蚁防治（一级）及其新科技开发研究、新产品推广、技术咨询服务。一亭公司成立于 2008 年 11 月，经营范围为白蚁防治服务。此后，一亭公司向湖州市规划与建设局递交《关于白蚂蚁防治工程市场化运作的请示》及催复，要求将白蚂蚁防治工程项目进行市场化运作。该局复函称：根据相关规定，白蚁防治单位应具备一定资金、人员等条件，并需备案；白蚁防治费为行政事业性收费，由市建设局收取，白蚁防治研究所负责与建设单位签订及实施白蚁防治合同；一亭公司在达到成立条件并备案后，可以接受委托进行白蚁灭治业务工作，但不能开展新建房屋白蚁预防工作。一亭公司对上述回复表示异议，继续以书面形式对白蚁防治费的收取等问题提出意见，该局也作了相应函复。截至 2010 年 1 月 4 日，在湖州市规划与建设局备案的白蚁防治机构只有白蚁防治研究所，一亭公司直至一审开庭时仍未申请备案，且一亭公司仅有 1 名参加社会保险的工作人员。白蚁防治研究所在开展白蚁防治业务时，与委托方单位签订由湖州市规划与建设局监制的《湖州市房屋建筑白蚁预防工程技术服务合同文本》，其中第三条第五款约定："在签订本合同时，应根据物价、财政部门核定的收费标准……将白蚁防治费缴纳到湖州市预算外资金专户。"实际履行过程中，该白蚁防治费执行行政事业性收费，由湖州市规划与建设局委托白蚁防治研究所收取，使用"浙江省政府非税收收入统一票据"，款项缴入湖州市预算外资金专户后，从中提取 20% 的后备基金交该局管理，然后按一定比例向白蚁防治研究所返还。

一亭公司认为：白蚁防治研究所通过在湖州市规划与建设局监制的合同中，约定将白蚁防治费缴纳至湖州市预算外资金专户等方式，借助该局实施滥用市场支配地位的行为，违反了反垄断法第十七条第一款第（四）项的规定，遂诉至杭州市中级人民法院，请求判令白蚁防治研究所赔偿经济损失2230306.32元。

【案件评析】

本案中，人民法院实际上还无须进入适用合理规则进行分析的阶段，因为被诉垄断行为尚未构成限定交易行为。白蚁防治研究所在格式合同中约定将白蚁防治费缴纳至湖州市预算外资金专户的行为，只是其依照相关规定对付款方式作出的安排，并未对交易相对人选择白蚁防治机构的范围产生限定性的影响；至于其在湖州市规划与建设局放置合同文本的行为，则并无证据证明。当然，在理解反垄断法规定的限定交易行为时，也要避免仅仅将其理解为一种积极、明确地要求交易相对人只能与特定对象交易的行为，而应当包括通过各种途径，在实质上达到限定交易对象的后果的行为。

☆《中华人民共和国广告法》重点知识解读

一、立法背景

我国的广告业起步晚，底子薄，所以在快速发展的同时，也存在一些问题，其中最为突出的问题表现在两个方面。一是当前一些企业利用广告推销假冒伪劣产品，贬低竞争对手，进行不正当竞争，在广告中夸大产品、服务的功效，欺骗和误导消费者，有的广告甚至有悖社会善良习俗，损害社会公德。二是广告主、广告经营者、广告发布者的权利、义务不够明确，行为不够规范，在广告活动中出现许多违法行为。这些问题的存在，不仅严重影响了广告业的声誉，妨碍了广告业的健康发展，而且还严重干扰了社会主义市场经济秩序，损害了国家利益和社会公共利益。为了规范广告活动，促进广告业的健康发展，保护消费者的合法权益，维护社会经济秩序，发挥广告在社会主义市场经济中的积极作用，第八届全国全国人民代表大会常务委员会第十次会议于1994年10月27日通过了《中华人民共和国广告法》，并于1995年2月1日开始施行。2009年11月13日，国家消费者协会透露，《中华人民共和国广告法》将进行修改，主要加入明星代言广告的相关法规。新内容将对明星代言虚假广告进行严处。

广告法调整的广告关系包括广告管理关系和经营者在广告活动中与其他经营者、广告受众发生的关系。它是一部国家法律，针对涉及广告多方面的事宜进行法律规范，主要目的在于规范广告市场，以维护消费者权益。

二、主要内容

《中华人民共和国广告法》共6章49条，主要包括广告准则、广告活动、广告的审查三个方面的内容。

（一）广告准则

广告准则，是指广告活动必须遵循的，不可违背的规范和守则。

它可以分为三个方面：广告必须合法、广告必须遵循公平的原则、广告必须遵循诚实信用原则。

1. 遵守法律、行政法规的原则

广告活动作为民事活动的一种，必须遵守法律、行政法规。将广告活动纳入法制轨道是保障正常的社会经济秩序的必要条件。遵守法律、行政法规的原则，要求广告主、广告经营者、广告发布者在进行广告设计、制作、代理服务、发布等活动时，必须符合法律、行政法规的规定。广告活动主体必须遵守法律、行政法规的原则，一方面为广告活动主体提供了基本的行为准则，要求广告活动主体必须在法律、行政法规允许的范围内进行广告活动；另一方面为国家管理机关、其他经济主体判断广告活动主体的行为是否合法提供了一个衡量标准，有利于国家管理机关依法查处违法广告行为，有利于其他经济主体依法维护自己的合法权益。

2. 遵循公平的原则

公平原则要求广告活动主体应本着公平的观念进行广告活动，如在签订广告合同时，双方应公平地享有权利和承担义务。根据民法通则第五十九条的规定，民事行为显失公平的，一方当事人有权请求人民法院或者仲裁机构予以变更或者撤销。

3. 遵循诚实信用的原则

诚实信用原则要求广告活动主体在进行广告活动时，应当讲诚实、守信用，以善意的方式履行自己的义务，不得规避法律和合同。诚实信用的原则，一方面要求广告活动中的当事人双方之间必须讲诚实、守信用，签订广告合同时要讲明情况，签订合同后要严格履行；另一方面要求广告活动的主体在设计、制作、发布广告时，必须讲诚实、守信用，不得搞虚假广告，不得欺骗和误导消费者。

（二）广告活动

广告活动包括三方面内容：

1. 广告行为

在广告活动中不得进行不正当竞争。关于不得在广告活动中进行不正当竞争行为的规定，包括下述内容：

（1）禁止的主体。禁止不正当行为的主体为广告主、广告经营者、广告发布者。即广告主和广告经营者之间、广告主和广告发布者之间、广告经营者和广告发布者之间均不得从事不正当竞争行为。

（2）禁止的行为。对禁止的行为采取的是比较宽的规定，主要是指反不正当竞争法规定的几种行为，按照反不正当竞争法和本法的规定，广告主和广告经营者之间、广告主和广告发布者之间、广告经营者和广告发布者之间均不得从事的不正当竞争行为。

2. 广告主

所谓广告主，按照广告法第二条第三款的规定，是指为推销商品或者提供服务，自行或者委托他人设计、制作、发布广告的法人、其他经济组织或者个人。也就是说，广告主，既可以是法人、其他经济组织，也可以是公民个人。

3. 广告经营者、广告发布者

所谓广告经营者，按照广告法第二条第四款的规定，是指受委托提供广告设计、制作、代理服务的法人、其他经济组织或者个人，也就是说，广告经营者，既可以是法人、其他经济组织，也可以是公民个人。所谓广告发布者，按照广告法第二条第五款的规定，是指为广告主或者广告主委托的广告经营者发布广告的法人或者其他经济组织。也就是说，广告的发布者仅仅限于法人，其他经济组织、公民个人不能成为广告的发布者。

同时，我国广告法对这三方面的内容进行了一定的要求，必须按照法律规定来行使各自的权利及履行相应的义务。

（三）广告的审查

依法享有广告审查权的机关是广告审查机关，未经广告审查机关审查或批准，直接从事广告活动的行为，都将会受到法律的惩罚。要注意如下几个要点：

1．对利用大众传播媒介和其他媒介发布的特殊商品广告，应当进行审查。

2．审查在广告发布前进行，未经审查，不得发布。

3．审查由有关的行政主管部门负责，不新设广告审查机关。

4．审查的依据是广告法以及其他有关的法律、行政法规。

广告审查机关在对特殊商品广告进行审查时，应当依据有关法律、行政法规中关于特殊商品广告管理的规定进行，重点审查广告内容是否符合有关法律、行政法规的规定。

（四）发布虚假广告的行政责任和刑事责任的规定

真实性，是世界各国也是我国对广告的最基本的要求。我国目前的广告宣传中，虚假的成分很大，问题严重，但是对于虚假广告也应当作具体分析。许多虚假广告是发布者故意制造谎言、弄虚作假以牟取非法利益，对于这些虚假广告的广告主或者广告经营者、发布者应当依法严惩，以保护消费者的利益。有些虚假广告则并非故意说谎，而是由于表达不当、宣传不全面或者某些客观情况发生变化造成的，处理这种情况应当与故意发布虚假广告有所区别，主要应侧重于纠正不实情况，消除影响。当然对于责任人也要有所警戒。防止和杜绝虚假广告是广告管理中的一项重要任务。

1. 所谓利用广告对商品或者服务作虚假宣传的，一般有以下几种表现：

（1）消息虚假。即广告所宣传的商品或者服务的信息本身是不存在的，也可以称为"骗局广告"。

（2）品质虚假。即广告宣传的商品或者服务并未达到广告中所说的质量或者技术标准，也被称为不实质量声称广告。

（3）功能虚假。即广告所宣传的商品或者服务并不具备广告中所宣传的功能或者服务内容。

（4）价格虚假。即消费者购买商品或者服务所支付的货币与广告所宣传的商品或者服务的价格不符，也被称为欺骗性价格广告。

（5）证明虚假。即广告假借他人的言论或者采用其他带欺骗性的证据宣传商品的质量、功能等，也被称为"不实证词广告"或"不实证据广告"。

2. 虚假广告侵权的民事责任。

广告法关于违法广告的民事责任的规定共有两条：一条是关于虚假广告侵权的民事责任的规定，另一条是其他违法广告侵权的民事责任的规定。

（1）由于虚假广告的误导和欺骗，使购买商品或者接受服务的消费者的合法权益受到损害的，是一种侵权行为，广告主应当承担民事责任。对于侵权损害来说，最主要的承担民事责任的方式是赔偿损失。赔偿额应当相当于购买商品或者接受服务的消费者所遭受的实际损失额。

（2）虚假广告的经营者、发布者应当承担的民事责任。按照广告法第二十七条的规定，法律赋予广告经营者和广告发布者的广告审查责任，如果他们不履行法律规定的责任，应当与广告主一道承担侵权损害的民事责任。按照法律的规定，虚假广告的设计、制作、代理的广告经营者和发布者承担民事责任的方式有两种：①广告主、广告经营者、广告发布者承担连带责任。②广告经营者、广告发布者承担全部民事责任。

3．发布虚假广告的广告主应当承担的行政责任是：停止发布，并以等额广告费用在相应的范围内公开更正消除影响；并处广告费用1倍以上5倍以下的罚款。

所谓"以等额广告费用在相应的范围内公开更正消除影响"，是指要使用与不低于作虚假广告宣传时所发生的广告费用，在原来虚假广告所产生影响的范围内，公开更正消除影响，即用同样的广告费用，在原来发布虚假广告的媒介上，公开更正消除影响。

4．关于发布虚假广告的刑事责任。发布虚假广告，构成犯罪的，应当追究刑事责任。

三、典型案例

某饭店地处市中心南京路和西环路的"T"形交接处，该交接处设有交通指示灯引流车辆。某天，该饭店在二楼至三楼外墙悬挂了一幅3米×4米的巨幅广告，广告内容为毛主席半身像，身后背景是井冈山，广告词是"品尝正宗湘菜，请到毛×湾饭店来"。此广告一出，立即引起全市舆论谴责，市民纷纷向市工商行政管理局投诉。市工商行政管理局经调查后发现：1．广告上的"毛主席"半身像实际上是该饭店的股东之一许某的肖像，许某因外形酷似毛主席，如果仔细比较该半身像和毛主席的真人照片，可以发现细微的不同；2．因该广告悬挂在"T"形路口的交通灯后面，因广告色彩较为鲜艳，使交通灯的红、绿颜色看上去不显眼，在一定程度上影响交通安全。据此，市工商行政管理局对此作出了行政处罚。那么,毛×湾饭店设置的户外广告有哪些违反广告法的规定之处?

【案件评析】

根据我国广告法第七条、第三十二条、第三十四条规定,我们作出以下分析:1. 该饭店发布的广告上印有类似"毛主席"半身像的标志,这是我国法律、行政法规禁止的行为,且不利于人民的身心健康,违反了社会公德的底线,是对我国国家尊严的亵渎;2. 该饭店未经市规划局审批,就擅自将广告牌设置在户外,违反了广告法第三十四条的相应规定;3. 广告法第三十二条规定,影响市政公共设施、交通安全设施、交通标志使用的,不得设置户外广告,而本案中该饭店设置的户外广告显然已经违反了该条的规定,将会受到法律的严惩。因此,该市工商行政管理局对其违法行为作出的处罚是正确的。

☆《中华人民共和国计量法》重点知识解读

一、立法背景

计量工作是经济建设中一项重要的技术基础,包括的内容相当广泛,涉及工农业生产、国防建设、科学实验、国内外贸易以及人民的生活、健康、安全等各个方面。经济越发展,越需要加强计量工作,加强计量法制监督。所以,计量立法的宗旨,主要是为了加强计量监督管理,健全计量法制,解决国家计量单位制的统一和全国量值的准确可靠问题。

第六届全国人民代表大会常务委员会第十二次会议于 1985 年 9 月 6 日审议通过了《中华人民共和国计量法》。该法对加强计量监督管理，保障国家计量单位制的统一和量值的准确可靠，促进生产、贸易和科学技术的发展，推进社会主义现代化建设，维护国家、人民的利益具有重大意义。

二、主要内容

《中华人民共和国计量法》共 6 章 35 条，主要包括计量基准器具及计量标准器具、计量器具管理、计量监督三个方面的内容。

(一) 计量基准器具、计量标准器具

1. 计量基准

"作为统一全国量值的最高依据"，计量基准是指全国的各级计量标准和工作计量器具的量值，都要溯源于计量基准。

国务院计量行政部门负责建立各种计量基准器具，是指国务院计量行政部门根据国家的实际情况和各方面的条件统一规划、组织建立各种计量基准器具。

建立的原则：属于基本的、通用的、为各行各业服务的计量基准，建在国家法定计量检定机构；属于专业性强，仅为个别行业所需要，或者工作条件要求特殊的计量基准，可授权其他部门建在有关技术机构。

2. 社会公用计量标准器具

社会公用计量标准器具简称社会公用计量标准，是指经过政府计量行政部门考核、批准，作为统一本地区量值的依据，在社会上实施

计量监督具有公证作用的计量标准。

建立社会公用计量标准，由当地人民政府计量行政部门根据本地区的需要决定，不需经上一级人民政府计量行政部门审批。但建立之后，必须经考核合格才能使用。

（二）计量器具管理

1．制造、修理计量器具的企业、事业单位必须具备与所制造、修理的计量器具"相适应的设施、人员和检定仪器设备"，具体包括生产设施、出厂检定条件、人员技术状况以及有关技术文件和计量规章制度等。

2．我国对制造、修理计量器具实行许可证制度。对制造、修理计量器具的企业、事业单位进行考核，颁发许可证，是对其制造、修理计量器具资格的计量认证。

3．新开业或扩大、改变经营范围制造、修理计量器具的企业单位，应先取得制造、修理计量器具许可证，否则工商行政管理部门不予办理营业执照或扩大、改变经营范围的登记。

4．个体工商户可以制造、修理简易的计量器具，但必须经县级人民政府计量行政部门考核合格，发给《制造计量器具许可证》或者《修理计量器具许可证》后，方可向工商行政管理部门申请营业执照。

（三）计量监督

1．计量监督员具体负责执行计量监督。计量监督员是县级以上人民政府计量行政部门任命的具有专门职能的计量执法人员，在规定的区域内执行计量监督任务。计量监督员的设置及其职责，由国务院计量行政部门制定的《计量监督员管理办法》确定。

2．处理因计量器具准确度所引起的纠纷，以国家计量基准器具或者社会公用计量标准器具检定的数据为准。以计量基准或社会公用计量标准检定的数据作为处理计量纠纷的依据,具有法律效力。

三、典型案例

近日,某局衡器检定人员在对该市某化工有限公司的80吨电子汽车衡进行周期检定时,发现该衡器的计量准确性正常,但称重显示仪表有时短时间内出现屏闪,但很快就恢复正常。经询问,司磅人员称出现这种现象已有半个多月了,由于没有耽误正常使用所以一直没有在意。衡器检定人员凭着丰富的经验,察觉这种现象肯定有问题。经过仔细排查,终于在秤台的一个极其隐蔽的地方发现了串接在称重传感器上的电子作弊器。这种作弊器通过遥控装置,改变称重传感器的输出电流来达到增加或减少货物重量来谋取非法利益的目的。经技术人员对作弊器进行分析,这个作弊器最大可改变重量的10%,就是一辆50吨的货车可减少或增加5吨的重量。该化工公司是一个汽油流通企业,一车汽油就可使企业损失2万余元。以作弊器使用两个月每天一车来计算,可为该化工公司损失经济利益120余万元。那么,对于电子作弊器的现象发生,该如何处理?

【案件评析】

我国计量法第十七条规定:"使用计量器具不得破坏其准确度,损害国家和消费者的利益。"也就是说,该案中化工厂在使用计量器具时,不得利用称重传感器上的电子作弊器来破坏其准确度,不得损害他人的利益。同时,对于这种违法行为,该法第二十七条规定:"使用不合格的计量器具或者破坏计量器具准确度,给国家和消费者造成损失的,责令赔偿损失,没收计量器具和违法所得,可以并处罚款。"因此,对于使用电子作弊器破坏计量器具准确度从而达到自身利益目的的行为，给该化工厂造成的经济损失，该使用人应该赔偿损失；有关机关应该没收该电子作弊器和违法所得，并对行为人处以罚款。

☆ 《中华人民共和国产品质量法》重点知识解读

一、立法背景

产品质量法，是调整产品的生产者、销售者以及政府有关行政部门等主体之间，在产品质量方面的权利、义务、责任等关系的法律规范的总称。

《中华人民共和国产品质量法》于1993年2月22日第七届全国人民代表大会常务委员会第三十次会议通过，同年9月1日起施行。随着经济的发展和改革的深入，为了加强国家对产品质量的监督管理，促使生产者、销售者保证产品质量，明确产品质量责任，严厉惩治生产、销售假冒伪劣产品的违法行为，切实地保护用户、消费者的合法权益，以完善我国的产品质量民事赔偿制度，遏制假冒伪劣产品的生产和流通，维护正常的社会经济秩序，2000年7月8日第九届全国人民代表大会常务委员会第十六次会议通过了《关于修改〈中华人民共和国产品质量法〉的决定》。

产品质量法的设立主要是为了调整两个方面的法律关系：一是国家对企业的产品质量进行监督管理过程中所产生的产品质量管理关系

及产品质量监督管理关系；二是产品的生产者、销售者与产品的用户和消费者之间因产品缺陷而产生的产品质量责任关系，即产品质量责任义务关系。

二、主要内容

《中华人民共和国产品质量法》共6章74条，主要包括产品质量的监督、生产者和销售者的产品质量责任和义务、损害赔偿、罚则四个方面的内容。

（一）产品质量的监督

产品质量监督管理是由国家技术监督行政部门和地方技术监督行政部门及具有相关职责的行政管理部门依据法定的行政权力，对产品质量进行的管理活动。监管部门包括专门的监督管理部门和县级以上地方人民政府有关部门。

产品质量监督管理的主要内容包括：

1. 产品质量标准制度

产品质量标准制度，是指产品质量应符合一定的标准。对可能危及人体健康和人身、财产安全的工业产品，必须符合保障人体健康和人身、财产安全的国家标准、行业标准。未制定国家标准、行业标准的，必须符合保障人体健康、人身和财产安全的要求。

2. 企业质量体系认证和产品质量认证制度

企业质量体系认证制度，是指由国家认可的认证机构，依据认证标准，按照规定的程序，对企业的产品质量进行确认的体系，包括企业的资信程度、产品质量、市场信誉、管理水平等方面进行整体的评价。对符合条件要求的，通过颁发认证证书的形式，证明企业的质量保证能力符合相应标准要求的活动。

产品质量认证制度,是指依据具有国际水平的产品标准和技术要求,经过认证机构确认并通过颁发认证证书和产品质量认证标志的形式,证明产品符合相应标准和技术要求的活动。

3．生产许可证制度

国家对可能危及人体健康,人身、财产安全和公共利益的工业产品实行生产许可证制度。

4．产品质量监督检查制度

国家对产品质量实行以抽查为主要方式的监督检查制度,对可能危及人体健康和人身、财产安全的产品,影响国计民生的重要工业产品以及消费者、有关组织反映有质量问题的产品进行抽查。监督抽查工作由国务院产品质量监督部门规划和组织,县级以上地方产品质量监督部门在本行政区域内也可以组织监督抽查,法律对产品质量的监督抽查另有规定的,依照有关法律的规定执行。

(二) 生产者、销售者的产品质量责任和义务

生产者、销售者的产品质量责任和义务可以分为两类:一类是生产者、销售者的积极义务;另一类是生产者、销售者的消极义务。

1．生产者、销售者的积极义务

(1) 生产者的积极义务

一是应对其生产的产品负责;

二是对产品质量的担保义务。

(2) 销售者的积极义务

一是应当建立并执行进货检查验收制度,验明产品合格证明和其他标识;

二是应当采取措施,保持销售产品的质量;

三是销售的产品的标识应当符合法律的规定。

2．生产者、销售者的消极义务

(1) 生产者的消极义务

一是不得生产国家明令淘汰的产品;

二是不得伪造产地,不得伪造或者冒用他人的厂名、厂址;

三是不得伪造或者冒用认证标志、名优标志等质量标志;

四是不得掺杂、掺假,不得以假充真、以次充好,不得以不合格产品冒充合格产品。

(2) 销售者的消极义务

一是不得销售国家明令淘汰并停止销售的产品和失效、变质的产品;

二是不得伪造产地,不得伪造或者冒用他人的厂名、厂址;

三是不得伪造或者冒用认证标志、名优标志等质量标志;

四是销售产品不得掺杂、掺假,不得以假充真,以次充好,不得以不合格产品冒充合格产品。

(三) 损害赔偿

损害赔偿,是指产品的生产者、销售者对因其自身产品的缺陷给他人造成人身、财产损害的,应当承担的一种不可推卸的责任或应履行的一项义务。

赔偿范围分为:

1．人身伤害的赔偿范围

人身伤害的赔偿范围分为三种情况:

(1) 产品缺陷造成受害人人身伤害,侵害人应当赔偿医疗费、治疗期间的护理费、因误工减少的收入等费用;

(2) 造成残疾的,还应支付残疾者的生活自助具费、生活补助费、残疾赔偿金、由其扶养的人所必需的生活费等;

(3) 造成受害人死亡的,并应当支付丧葬费、死亡赔偿金、由死者生前扶养的人所必需的生活费等。现行产品质量法规定的人身伤害的赔偿范围与消费者权益保护法的规定完全一致。

2. 财产损害的赔偿范围

对于因产品缺陷造成受害人财产损失的,产品质量法规定侵害人应当恢复原状或者折价赔偿;受害人因此遭受重大损失的,侵害人应当赔偿损失。

(四) 罚则

罚则,是指对于生产者、销售者给他人造成人身、财产损害的,由相关机关对其作出处罚决定。一般处罚,分为民事处罚、刑事处罚和行政处罚三种。

1. 民事责任

(1) 产品瑕疵担保责任

瑕疵担保责任是指生产者、销售者提供的产品不符合合同对质量的约定而应承担的法律责任。承担方式包括:修理、更换、退货赔偿。当销售者首先承担了瑕疵担保责任后,如属于生产者的责任或者供货者的责任,销售者有权向生产者或者供货者追偿。

(2) 产品侵权损害赔偿责任

产品侵权损害赔偿责任是指生产者、销售者因产品存在缺陷而造成他人人身、产品以外的其他财产损害时,应当承担的赔偿责任。如果生产者能够证明有下列情形之一的,不承担赔偿责任:一是未将产品投入流通的;二是产品投入流通时,引起损害的缺陷尚不存在的;

三是将产品投入流通时的科学技术水平尚不能发现缺陷的存在的。由于销售者的过错使产品存在缺陷，造成他人人身、财产损害的，销售者应当承担赔偿责任。销售者不能指明缺陷产品的生产者，又不能指明缺陷产品供货者的，销售者应承担赔偿责任。

依产品质量法的规定，消费者因生产者、销售者的产品缺陷造成人身、财产损害时，生产者、销售者应承担连带责任。

2．行政责任

生产者、销售者因为实施产品质量法所禁止的行为而引起相应的行政处罚责任。其承担的方式有：责令停止生产、销售，没收违法生产、销售的产品，没收违法所得，罚款，吊销营业执照等。产品质量法规定的行政处罚职权由产品质量监督部门、工商行政管理部门行使。

3．刑事责任

生产者、销售者生产、销售的产品违反法律规定的产品质量义务时，除承担民事责任和行政责任外，构成犯罪的由司法机关按照刑法的规定追究其刑事责任。

三、典型案例

李某是某家用电器厂的仓库管理员，周某和他是好朋友。一次，周某趁李某值班之机邀请他喝酒，待李某喝醉后，周某取下仓库钥匙，盗走未检验的电风扇10台，其中1台以100元的价格卖给朱某，朱某在使用时，因电风扇漏电而受伤，花去医疗费800元，朱某向家用电器厂提出索赔。

本案焦点：1．家用电器厂是否应承担损害赔偿责任？2．朱某的损失由谁赔偿？

【案件评析】

我国产品质量法第四十一条规定:"因产品存在缺陷造成人身、缺陷产品以外的其他财产(以下简称他人财产)损害的,生产者应当承担赔偿责任。生产者能够证明有下列情形之一的,不承担赔偿责任:(一)未将产品投入流通的……"本案中,该家用电器厂未将电风扇投入流通,而是周某自己作出的行为,因此,该家用电器厂不应该承担朱某的损害赔偿。但是,该法第四十二条规定:"由于销售者的过错使产品存在缺陷,造成人身、他人财产损害的,销售者应当承担赔偿责任。销售者不能指明缺陷产品的生产者也不能指明缺陷产品的供货者的,销售者应当承担赔偿责任。"本案中,虽然该电风扇未经检验,但是该家用电器厂也未将其投入流通领域,而是因为周某的偷窃行为造成了朱某的人身损害,依该条规定,周某应该承担朱某的人身、财产损害赔偿。

☆《中华人民共和国标准化法》重点知识解读

一、立法背景

随着改革、开放的不断推进,对标准化工作提出了更高的要求。但是由于过去标准化工作法制不健全,标准化管理和监督比较薄弱,我国的标准化工作还存在不少问题,不能适应经济建设发展的需要。比如:一些应该制定标准的对象还没有标准,无标准生产的现象还屡见不鲜，标准的水平还不高；许多标准未能得到严格的贯彻执行，一些产品不按标准组织生产，不按标准进行检验；监督检验管理薄弱，力量分散，权威性不高。由于存在这些问题，影响了生产建设的发展和经济效益的提高。此外，在引进技术和进口商品中，由于不明确采用的标准或不符合我国标准的要求，也给国家造成了一些经济损失。标准化涉及国民经济的各个领域和人民生活的各个方面，具有广泛的社会性。因此制定标准化法是十分必要和非常迫切的。

1988年12月29日，第七届全国人民代表大会常务委员会第五次会议审议通过了《中华人民共和国标准化法》，并于1989年4月1日起施行。标准化法的主要内容包括：标准化机构的设置和权限；标准编制的对象和程序；标准化的纲要和计划；标准的应用范围；推广新标准的时间；贯彻标准化的制度、责任以及违反标准化规定时的处罚等。

该法对运用标准化手段发展社会主义市场经济，促进技术进步，改进产品质量，提高社会经济效益，维护国家和人民的利益，解决经济体制深入改革对标准化工作提出的新要求具有重大意义。

二、主要内容

《中华人民共和国标准化法》共5章26条，主要包括标准的制定和标准的实施两个方面的内容。

（一）标准的制定

该法对标准划分了三类：国家标准、行业标准和企业标准。这三类标准的产生，是根据不同的需求制定的，三者制定的方式和内容不同。其中，国家标准、行业标准分为强制性标准和推荐性标准。

根据标准化法的规定，制定标准应遵循的原则有：

1．制定标准应当有利于保障安全和人民的身体健康，保护消费者的利益，保护环境。

2．制定标准应当有利于合理利用国家资源，推广科学技术成果，提高经济效益，并符合使用要求，有利于产品的通用互换，做到技术上先进，经济上合理。

3．制定标准应当做到有关标准的协调配套。"有关标准的协调配套"，是指各种相互关联的标准之间，同类标准之间，产品标准与基础标准之间，原材料标准与工艺标准之间，相互衔接，相互协调。

4．制定标准应当有利于促进对外经济技术合作和对外贸易。

（二）标准的实施

国家对强制性标准和推荐性标准的实施作了不同的规定。有关强制性标准，必须执行。对不符合强制性标准的产品，禁止生产、销售和进口。对于推荐性标准，国家鼓励企业自愿采用，并采取一定的优惠措施予以鼓励。推荐性标准一旦纳入指令性文件，将具有相应的行政约束力。除此之外，对于企业标准也作了相关规定。

三、典型案例

前不久，某高新技术研究所开发出一种 pcxl1000 型立轴复合式超细破碎机，并获得实用新型专利。几个月后，该研究所将其委托该市某机械厂生产的一台 pcxl1000 型立轴复合超细破碎机以单价 7 万元销售给某水泥厂，在其提供的产品合格证上，注明其产品标准为代号 jc250—11 的立轴锤式破碎机的行业标准。该水泥厂使用这台复合式超细破碎机不久，就因出现质量故障而停止使用，并于 2010 年 10 月向法院起诉，认为该产品系无标产品，要求研究所退货退款。研究所认为其产品是立轴锤式破碎机的改进产品，享有专利权，仍执行立轴锤式破碎机的生产标准，同时主张水泥厂购买的破碎机系样品。在诉讼期间，研究所到当地标准化行政主管部门将立轴锤式破碎机的行业标准jc250—11进行备案登记。

【案件评析】

本案主要争议焦点在于标的物作为获实用新型专利的工业产品是否仍执行技术改造前的产品标准，及对产品标准在标准化行政主管部门备案的效力的理解问题。本案中，研究所开发的新型破碎机属工业产品，该产品是在立轴锤式破碎机的基础上改进而来，立轴锤式破碎机的执行标准是行业推荐性标准jc250—11，复合式破碎机的产品说明书中关于产品的性能、结构、原理与立轴锤式破碎机相比，有了较大改进，如更换了锤头材质，由高锰钢换为高铬钢，扩大了锤头回转直径，工作方法也发生了变化，立轴式破碎机通过锤头打击作用达到破碎效果，复合式破碎机是活动锤头与移动式板锤共同作用达到破碎效果，其技术要求与立轴式破碎机的行业标准中的技术要求存在较大差异，该产品并未按立轴式破碎机的生产标准执行，由于这是获得实用新型专利的新型产品，国家尚未制定相关的国家标准或行业标准，如果企业需组织生产，应当制定相应的企业标准，并报当地标准化行政主管部门备案后方可生产，我国标准化法第十七条规定，企业研制新产品、改进产品、进行技术改造，应当符合标准化的要求。研究所未制定企业标准，而是将立轴式破碎机的行业标准到当地标准化行政主管部门进行备案，但并未生产，故该备案行为与其生产复合式新型超细破碎机行为无关。

☆《中华人民共和国进出口商品检验法》重点知识解读

一、立法背景

国家对主要的进出口商品质量进行监管是促进对外贸易发展的一项具体措施。为促进对外贸易的发展，保证和提高进出口商品的质量，在遵循管理科学、监管有效、方便进出的原则指导下，1989年2月21日第七届全国人民代表大会常务委员会第六次会议通过了《中华人民共和国进出口商品检验法》，自1989年8月1日开始施行。进出口商品检验法的颁布实施标志着商检工作进入了法制管理的新阶段。

为了适应我国加入世贸组织（WTO）的形势和需要，履行我国有关承诺，进一步规范进出口商品检验工作，经过总结实践经验、认真调查研究、广泛征求意见，2002年4月28日，第九届全国人民代表大会常务委员会第二十七次会议对进出口商品检验法进行了修订。

二、主要内容

《中华人民共和国进出口商品检验法》共6章41条，主要包括进口商品的检验、出口商品的检验、监督管理、法律责任四个方面的内容。

（一）进口商品的检验

进口商品的检验，本法对有关事项主要作如下规定：

1. 属于法定检验的进口商品，其收货人或者其代理人，应当向报关地的商检机构报检。

2. 属于法定检验的进口商品，其收货人或者其代理人，应当在商检机构规定的地点和期限内,接受商检机构对该商品的检验。

3．商检机构应当在国家商检部门统一规定的期限内检验完毕,并出具检验单证。

4．海关凭商检机构签发的货物通关证明验放。

5．法定检验以外的进口商品的收货人,发现进口商品质量不合格或者残损短缺,需要由商检机构出证索赔的,应当向商检机构申请检验出证。

6．重要的进口商品和大型的成套设备,在出口国进行预检验、监造或者监装,商检机构可以根据需要派出检验人员参加。

（二）出口商品的检验

本法对出口商品也是根据对进出口商品检验的合法目标的规定进行检验,除在这部法律的总则中所作规定外,还有以下几种规定：

1．必须经商检机构检验的出口商品,其发货人或者其代理人,应当在商检机构规定的地点和期限内,向商检机构报检。

2．对必须经商检机构检验的出口商品,商检机构应当在国家商检部门统一规定的期限内检验完毕,并出具检验证单。

3．对必须实施检验的出口商品,海关凭商检机构签发的货物通关证明验放。

4．经商检机构检验合格发给检验证单的出口商品,应当在商检机构规定的期限内报关出口;超过期限的,应当重新报检。

5．为出口危险货物生产包装容器的企业,必须申请商检机构进行包装容器的性能鉴定。生产出口危险货物的企业,必须申请商检机构进行包装容器的使用鉴定。

6．对装运出口易腐烂变质食品的船舱和集装箱,承运人或者装箱单位必须在装货前申请检验。未经检验合格的,不准装运。

(三) 监督管理

在国家商检部门和商检机构对进出口商品的检验活动实践中,形成了一系列的监督管理制度,本法对此作出了规定,使之成为法定的制度。还有一些规定则是涉及商检执法的,也与监督管理联系在一起。归纳起来主要有:抽查检验,出厂前的质量监督管理和检验,报检代理人的管理,对经许可的检验机构的监督管理,使用质量认证标志验证管理,加施商检标志、封识、复验、复议、诉讼。

对进出口商品实施抽查检验的主要范围是:

1. 可能危及人体健康、财产安全以及环境保护的进出口商品;
2. 出口数量大,质量不稳定以及出口退货情况比较严重的商品;
3. 消费者、有关用户反映有质量问题的进口商品。

对进出口商品实施抽查检验的主要方式是:

1. 在口岸进出口环节实施抽查检验;
2. 对出口生产企业的出口商品实施出厂前的抽查;
3. 会同有关部门对销售、使用的进口商品实施抽查。

在"中国入世议定书"中,我国政府已经承诺,今后对进口产品质量(安全)许可制度和国产品安全认证制度将实行"四个统一",即统一目录,统一标准、规范和合格评定程序,统一标志,统一收费标准。商检法修订的重要原因之一即是要使我国有关的法律法规符合世贸规则。

(四) 法律责任

1. 逃避商品检验的违法行为的法律责任。

构成逃避商品检验的违法行为应当具备以下两个特征:一方面,

行为人主观上有逃避商品检验的故意,所谓逃避商品检验,即是指行为人通过自己的作为或者故意的不作为使应当经过商检机构检验的进出口商品,避开检验的行为;另一方面,行为人实施了逃避商检机构监督管理的行为,直接破坏了国家对进出口商品进行监督管理的制度,可能会导致损害国家利益、社会公共利益和进出口贸易有关各方的合法权益的严重后果,因此必须严加禁止并追究有关责任人的法律责任。

2．对擅自从事进出口商品检验鉴定业务的处罚的规定。

3．对进出口属于掺杂掺假、以假充真、以次充好的商品或者以不合格进出口商品冒充合格进出口商品应承担的法律责任的规定。

4．对伪造、变造、买卖或盗窃有关商检单证、印章、标志等违法行为的处罚的规定。

5．对国家商检部门、商检机构的工作人员违反本法规定泄露所知悉的商业秘密应承担的法律责任的规定。

6．对商检工作人员渎职行为的处罚规定。

三、典型案例

1995年4月20日,无锡公司与加拿大福兰克林有限责任公司签订了色织弹力布的售货确认书。据此,无锡公司于同年6月1日与江阴市周庄润恒布厂(供方)签订了购销54054米T/R色织弹力布,标的额为人民币1059184元的合同。合同对质量要求、技术标准、供方对质量负责的条件、验收标准均明确约定:"出具商标证书,以商检为标准。"同年7月21日,布厂将生产的191箱53762米T/R弹力布申请江阴商检局签发检验证书。该局接受了申请,实施了检验并签发了商检结果为"符合FJ516—82标准一等品"的编号为NO.0235757号的出口商品检验换证凭单。得到商检肯定后,无锡公司于同年9月租船将上述货物外运到美国。因外商提出质量问题拒绝收货，致使这批布被迫于1996年1月8日从美国返还至无锡，存放于仓库，造成了经济损失。该公司找到生产厂家要求承担经济损失。生产厂家认为，既然商检局经商检已通过放行，经济损失与生产厂家无任何瓜葛，因此不予理睬。无锡公司遂以商检局为被告提起行政诉讼，认为被告商检局检验时玩忽职守，不负责任，由于失实商检造成公司损失，请求依法撤销被告签的NO.0235757出口商品换证凭单，赔偿经济损失。

【案件评析】

本案是一起涉及国家商检机关商检活动领域的新类型行政诉讼案件，引起各方面的关注与争议。解决好此案的关键在于能否准确把握好商检机构的非法定商检行为是否具有行政诉讼的可诉性；国家商检机构哪些行为属于可诉性的具体行政行为。我国进出口商品检验法第三条规定："商检机构和经国家商检部门许可的检验机构，依法对进出口商品实施检验。"该法也规定，"商检机构对法定以外的进出口商品，可以抽查检验并实施监督管理"。因此，原告认为被告出具了失实的商品检验换证凭单造成原告方经济损失，毋庸置疑，这种履行法定职责的行政管理行为当属具体行政行为范畴。

从本案而言，生产厂家按合同约定申请商检局对非法定检验商品T/R色织弹力布检验签发检验证书，商检局依照进出口商品检验法第三条规定受理了申请并实施的商检行为。由此，一方系行政管理相对人依法提出了申请，另一方系行政机关依法接受了申请，这就在商检局与生产厂家及与这一商检行为有利害关系的无锡公司之间产生了行政关系。商检机构的商检行为是依法对进出口商品实施监督管理的行使国家公权的活动，是依行政职权而实施的，其产生的关系属于行政法律关系。商检局接受了"申请"并实施了商检,这既是商检机构的职权又是商检机构的义务。我国进出口商品检验法第十七条规定,出口商品经商检机构检验不合格的不准出口。但商检人员工作马虎,未能严格把关,把不合格的产品检验为合格产品而签发了商检证书,从而导致了这批货物"周游列国"后被迫返回。无锡公司蒙受的重大经济损失与商检局失实商检结果之间存在直接的、内在的因果联系。据此,对无锡公司提出的行政赔偿请求应予支持。

第三节 审计、统计、价格法概述

一、审计法律制度概述

(一) 审计法的法律渊源

审计法是调整审计关系的法律规范的总称,其有狭义和广义之分。狭义的审计法仅指调整国家审计关系的法。广义的审计法是指调整包括国家审计、内部审计和社会审计在内的各种审计关系的法。

审计法的渊源包括:

1. 宪法,我国1982年宪法规定了国家审计监督制度。
2. 法律,主要指《中华人民共和国审计法》。
3. 行政法规,指国务院、中央军委发布的或者由国务院批准有关部门发布的关于国家审计的规范性文件。
4. 部门规章,指国务院审计部门和其他部门制定的关于审计的规范性文件。

5. 地方审计法规，指地方人民代表大会及其常务委员会制定的审计法规。

(二) 审计法的原则

审计法的基本原则包括合法性原则、客观公正原则、实事求是原则、廉洁奉公原则和保守秘密原则。

(三) 审计法的法律体系

为了加强国家的审计监督，维护国家财政经济秩序，促进廉政建设，保障国民经济健康发展，我国依据宪法制定的有关审计的法律法规主要有：

1.《中华人民共和国审计法》；

2.《国有企业及国有控股企业领导人员任期经济责任审计暂行规定》。

二、统计法律制度概述

(一) 统计法调整对象的特点

统计法作为规范统计活动的法律规范，与其他法律规范相比，具有以下两个特点：

1. 调整对象具有特殊性和复杂性

统计法调整对象的特殊性是与其他部门法相比而言的，这也是统计法之所以区别于其他部门法的根本所在。例如，会计法以人们在财务会计活动中所形成的社会关系为调整对象；金融法以人们在货币流通和使用活动中所发生的社会关系为调整对象；而统计法则是以统计部门在管理统计工作、进行统计活动的过程中形成的社会关系为调整对象。统计法调整对象的复杂性是指,统计法所调整的社会关系既有纵向的管理关系,也有横向的指导关系;既有统计机构内部的管理关系,也有统计机构对调查对象的管理关系,还有管理民间调查的管理关系。因为统计工作覆盖面广,涉及社会生活的各个领域,从而使统计活动中产生的社会关系也十分复杂。

2. 规范内容具有专业性

统计法的专业性是指统计法律制度中包含着大量关于统计工作的技术性规范、调查制度、统计标准等,这些规范由有关机关以办法、规定等形式发布实施,是统计法律制度的重要组成部分。

(二) 统计法的表现形式

根据法律规范的效力的不同,我国现行的统计法律规范的表现形式主要包括以下几种:

1. 统计法律;
2. 统计行政法规;
3. 统计行政规章;
4. 地方性统计法规。

为了有效地、科学地组织统计工作,推进统计工作的现代化进程,规范国家机关、社会团体、各种经济组织以及公民在统计活动中的行为,保障统计资料的准确性、及时性,我国制定了有关统计的法律法规,主要有:

1.《中华人民共和国统计法》;

2.《中华人民共和国统计法实施细则》;

3.《全国经济普查条例》;

4.《中华人民共和国海关统计条例》。

三、价格法律制度概述

(一) 价格法的制定目的

价格法是规范市场秩序,保护经营者和消费者的正当权益,推动企业转换经营机制、增强活动的需要,也是增强政府调控价格能力、加强和改善宏观调控的需要。为了克服和弥补市场机制的缺陷与不足,政府有必要依法对市场价格进行有效的宏观调控和必要的适度干预。同时,也需要通过制定价格法律,规范政府本身的价格行为。

(二) 我国的基本价格制度

市场形成价格是社会主义市场价格体制的核心,它要求价格回到交换中去,通过市场竞争形成。绝大多数商品和服务价格要通过经营者与经营者之间、经营者与消费者之间以及消费者之间的竞争来确定。与我国基本价格制度转换相适应,按照定价主体和形成途径不同,价格法规定我国实行市场调节价、政府指导价和政府定价三种价格形成机制,其中市场调节价在市场价格机制中占主导地位。

市场调节价是指由经营者自主制定,通过市场竞争形成的价格。政府指导价是由政府价格主管部门或者其他有关部门,按照定价权限和范围规定基准价及其浮动幅度,指导经营者制定的价格。政府定价是由政府价格主管部门或者其他有关部门按照定价权限和范围制定的价格。

(三) 价格法相关法律法规

为了规范价格行为,发挥价格合理配置资源的作用,稳定市场价格总水平,保护消费者和经营者的合法权益,促进社会主义市场经济健康发展,我国制定了相关价格方面的法律法规,主要有:

1. 《中华人民共和国价格法》；
2. 《制止牟取暴利的暂行规定》；
3. 《价格违法行为行政处罚规定》；
4. 《扣押、追缴、没收物品估价管理办法》。

☆《中华人民共和国审计法》重点知识解读

一、立法背景

审计法是指调整审计关系的法律规范的总称。审计关系是指审计机关和审计人员运用正确的方法，在对被审计单位的预算和财政收支、财务收支状况及其记录进行审核、评价等活动的过程中所发生的社会关系。

1994年8月31日，第八届全国人民代表大会常务委员会第九次会议审议通过《中华人民共和国审计法》。审计法施行以后，对于健全国家的审计制度，维护财政经济秩序，促进廉政建设，保障国民经济健康发展发挥了重要作用。但是，在我国社会主义市场经济体制逐步建立和完善过程中，仍然有很多不规范甚至违法的财政收支、财务收支行为。党中央和国务院多次强调，要推进财政管理体制改革，完善预算编制、执行的制衡机制，加强审计的专门监督。社会各界也对加强审计监督提出了更高的要求。原审计法的一些内容已不能适应实际情况的需要，有必要进行修改，以完善审计监督制度，加大审计监督力度，进一步维护国家财政经济秩序，为此，2006年2月28日第十届全国人民代表大会常务委员会第二十次会议对审计法进行了修正。

二、主要内容

《中华人民共和国审计法》共7章54条，主要包括审计机关和审计人员、审计机关职责、审计机关权限、审计程序、法律责任五个方面的内容。

（一）审计机关和审计人员

审计机关是代表国家执行审计监督权的国家行政机关，它具有宪法赋予的独立性和权威性，实行统一领导、分级负责的原则。审计机关依照法律规定独立行使审计监督权，不受其他行政机关、社会团体和个人的干涉。

审计人员代表审计机关执行审计监督职责，所以应当具备与其从事的审计工作相适应的专业知识和业务能力。审计人员对其在执行职务中知悉的国家秘密和被审计单位的商业秘密，负有保密的义务。审计人员依法执行职务，受法律保护。

（二）审计机关职责

审计机关的主要职责有：

1. 对本级各部门（含直属单位）和下级政府预算的执行情况和决算以及其他财政收支情况，进行审计监督。

2. 审计署对中央银行的财务收支，进行审计监督。审计机关对国有金融机构的资产、负债、损益，进行审计监督。

3. 对国家的事业组织和使用财政资金的其他事业组织的财务收支，进行审计监督。

4. 对国有企业的资产、负债、损益,进行审计监督。

5. 对政府投资和以政府投资为主的建设项目的预算执行情况和决算,进行审计监督。

6. 审计机关对政府部门管理的和其他单位受政府委托管理的社会保障基金、社会捐赠资金以及其他有关基金、资金的财务收支,进行审计监督。

7. 按照国家有关规定,对国家机关和依法属于审计机关审计监督对象的其他单位的主要负责人,在任职期间对本地区、本部门或者本单位的财政收支、财务收支以及有关经济活动应负经济责任的履行情况,进行审计监督。

8. 除本法规定的审计事项外,审计机关对其他法律、行政法规规定应当由审计机关进行审计的事项,依照本法和有关法律、行政法规的规定进行审计监督。

(三) 审计机关权限

审计机关的具体权限有:

1. 监督检查权。

2. 采取行政强制措施权。审计机关有权制止被审计单位的违法行为。

3. 提出建议权。

4. 通报和公布权。审计机关可以向政府有关部门通报或向社会公布审计结果。

(四) 审计程序

审计程序从阶段上可分为审计准备、审计实施和提出审计报告三个阶段。

审计机关必须按照法律确定的步骤、时间和形式要求,开展审计活动。审计机关依照如下程序对被审计机关进行审计:

1. 审计机关成立审计小组,并在实施审计 3 日前送达审计通知书;

2. 审计人员进行审计,并取得证明材料;

3. 审计组向审计机关提出审计报告;

4. 审计机关审定审计报告,出具审计意见书,对违反国家规定的财政收支、财务收支行为,需依法给予处理、处罚的,在法定的职权范围内作出审计决定或向有关主管机关提出处理、处罚的意见。

(五)法律责任

审计机关和审计人员应依照法律规定的职责、权限和程序进行审计,审计机关和审计人员违法开展审计活动,应当承担相应的法律责任。被审计单位及有关人员违反法律规定的也应承担法律责任。

三、2006 年修法亮点

2006 年对审计法的修改,主要是体现党中央和国务院关于加强审计监督的精神,总结实践经验并借鉴国际惯例,在保持审计法框架基本不变的基础上,对部分条款作了修改。

亮点一:健全审计监督体系。

为有利于派出机构依法履行监督职责,在审计法第十条中明确了审计机关派出机构的法律地位,将"审计特派员"的表述修改为"派出机构"。

为更好地保障审计监督的独立性、真实性,参照《中华人民共和国行政监察法》的规定,在审计法第十五条中增加一款规定:"地方各级审计机关负责人的任免,应当事先征求上一级审计机关的意见。"

亮点二：强化审计监督手段。

在审计法第三十一条规定的审计机关要求被审计单位提供的资料中，增加一款规定："被审计单位负责人对本单位提供的财务会计资料的真实性和完整性负责。"

四、典型案例

某县审计局对本县的政府部门财政预算进行审计时，发现本县工商局、财政局等几个机关单位违反法律法规的规定，存在超出预算建设豪华办公楼、私设单位"小金库"用于发放职工奖金、财务收支记载不真实等情况。审计局将上述情况写入审计报告，依法制作了审计意见书。县政府在得知这一情况后，以如实制作审计意见书，并予以通报将会对本县的形象和声誉造成负面影响为由，要求审计局重新制作审计意见书，审计局予以拒绝。于是，县政府宣布免去审计局局长的职务并任命了新的审计局局长。

本案焦点：县政府的行为是否符合审计法的规定？

【案件评析】

该县政府的行为不符合我国审计法的规定。本案中，针对该县工商局、财政局等机关单位违反法律法规的行为，审计机关依照职权将其写入审计报告并制作审计意见书，这是正确的。但是，该县政府却擅自使用职权，免去该审计局局长职务的行为显然已经违反了我国审计法第五十一条中关于"报复陷害审计人员的，依法给予处分；构成犯罪的，依法追究刑事责任"的规定。因此，对于该县政府的直接负责人，按照该条的规定，应该给予行政处分；若因免职触犯刑法的，则应该追究该县政府直接负责人的刑事责任。

☆《中华人民共和国统计法》重点知识解读

一、立法背景

早在 1983 年 12 月 8 日第六届全国人民代表大会常务委员会第三次会议就审议通过了《中华人民共和国统计法》。随着我国对外开放程度越来越高,国际交往越来越密切,我国的经济总量越来越大,在国际经济舞台的分量也越来越重。我国的统计对全球的影响也相应地越来越大,中国统计数据的质量的重要性更加突出。另外一个方面,在市场经济体制条件下,统计工作的难度越来越大,调查对象不配合的情况比以往更多了。因此,进一步完善统计法,就成为当务之急。1996 年 5 月 15 日,第八届全国人民代表大会常务委员会第十九次会议对统计法进行了修正。

我国实行社会主义市场经济体制后,怎么科学、有效地组织统计工作,我们面临着很多挑战。现行法律的很多规定不太适应当前发展的形势,在市场经济条件下从事统计工作和在原来计划体制条件下从事工作是完全不同的。特别是随着市场经济体制的发展,我国的统计工作越来越重要,在认识国情、反映国力、把握国势和国家的决策管理中发挥着更加重要的作用。不仅如此,在科学研究特别是经济研究中,在广大公民的日常生活中,统计数据也越来越重要。因此,2009 年 6 月 27 日第十一届全国人民代表大会常务委员会第九次会议再一次对《中华人民共和国统计法》进行了修订完善。

二、主要内容

《中华人民共和国统计法》共 7 章 50 条，主要包括统计调查管理、统计资料的管理和公布、统计机构和统计人员、监督检查、法律责任五个方面的内容。

（一）统计调查管理

统计调查管理，是指国家统计机构对已经调查的项目进行管理的职责。统计调查项目包括国家统计调查项目、部门统计调查项目和地方统计调查项目。

国家对统计调查项目实行分类管理。为了明确责任主体，本法对国家统计调查项目、部门统计调查项目、地方统计调查项目的制定、审批和备案作了明确规定。

国家统计调查项目的制定分为两种情况：一是由国家统计局单独制定；二是由国家统计局和国务院有关部门共同制定。其中重大的国家统计调查项目，如人口普查、经济普查和农业普查等，报国务院审批；其他调查项目，报国务院备案。

（二）统计资料的管理和公布

我国统计法规定，统计资料实行分级管理。国家统计调查和地方统计调查范围内的统计资料，分别由国家统计局、县级以上地方各级人民政府统计机构或者乡镇统计员统一管理。部门统计调查范围内的统计资料，由主管部门的统计机构或者统计负责人统一管理。企事业组织的统计资料，由企事业组织的统计机构或者统计负责人统一管理。

（三）统计机构和统计人员

统计机构的职责分为四个方面：制定统计调查计划、部署和检查全国或本行政区域内的统计工作;组织国家统计调查、地方统计调查,搜集、整理、提供全国或者本行政区域内的统计资料;对国民经济的社会发展情况进行统计分析、实行统计监督;管理和协调各部门制定的统计调查表和统计标准。

统计人员有权要求有关单位和人员依照国家规定提供资料;有权检查统计资料的准确性;有权揭发和检举统计调查工作中的违法行为。

(四) 监督检查

监督检查的机关包括两方面:一是国家统计局组织管理全国统计工作的监督检查;二是县级以上人民政府及其监察机关对下级人民政府、本级人民政府统计机构以及本行政区域内发生的统计违法行为进行监督检查。

(五) 违反统计法的法律责任

新统计法大大强化了统计法律责任,并增加了"监督检查"一章,为预防和惩处各类统计违法行为,特别是打击在统计上弄虚作假行为提供了强有力的法律保障。统计部门作为统计法的执行机关,将切实履行好工作职责,严肃查处各类统计违法行为。对于发现的统计违法行为,不论涉及什么地方、什么单位、什么人,都要一查到底,绝不姑息。对典型的案例,还要通过新闻媒体在全社会予以曝光。

三、2009年修法亮点

1996年5月15日第八届全国人民代表大会常务委员会第十九次会议修正《中华人民共和国统计法》后,因经济发展和社会发展,在有的方面亦不能更好地为国家统计事业服务。为适应市场经济的发展,新修订的《中华人民共和国统计法》已于2009年6月27日经第十一届全国人民代表大会常务委员会第九次会议审议通过,并于2010年1月1日起施行。新修订的统计法具有如下五大亮点:

亮点一:将保障统计资料的真实性,列入立法目的。

新修订的统计法将保障统计资料的真实性、准确性、完整性和及时性作为基本的立法目的,尤其把真实性摆在第一位。原来的统计法只讲准确性,真实性、准确性这两个词词义非常相近,但还是有区别的。真实性相对于虚假性而言,准确性相对于误差而言。为了提高统计法的针对性、严肃性,在立法目的上增加了保障资料真实性的规定。

亮点二:明确禁止领导人员的行政干预行为。

新修订的统计法第六条明确要求地方各级人民政府、政府统计机构和有关部门以及单位的负责人,不得自行修改统计机构和统计人员依法搜集、整理的统计资料,不得以任何方式要求统计机构、统计人员及其他机构、人员伪造、篡改统计资料,不得对依法履行职责或者拒绝、抵制统计违法行为的统计人员打击报复。

亮点三:依法保障统计人员独立行使职权,进一步明确对统计人员的要求,强化统计人员的职责。

因为统计人员是政府统计活动的直接实施者,所以在统计法里对统计人员依法独立行使职权作出了规定。

亮点四:对统计调查对象真实报送统计资料作出了义务性规定,并明确了不履行义务的法律责任。

新修订的统计法规定,国家机关、企事业单位和其他组织以及个体工商户和个人统计调查对象,必须依照本法和国家有关规定,真实、准确、完整、及时地提供统计调查所需的资料,不得提供不真实或者不完整的统计资料。否则,县级以上人民政府统计机构可依法查处。

亮点五:实施统计行政问责制,加大对领导人员行政干预行为的责任追究力度。

新修订的统计法三十七条增加规定,地方人民政府、政府统计机构或者有关部门、单位的负责人对本地方、本部门、本单位发生的严重统计违法行为失察的,由任免机关或者监察机关依法给予处分,并由县级以上人民政府统计机构予以通报。

四、典型案例

2010年年初,某餐饮有限公司和以往一样,向所在地统计局上报了上一年度的"单位从业人员劳动报酬"。2010年年末,该区统计局执法人员在执法检查时,发现该餐饮公司上报的"2009年单位从业人员劳动报酬"瞒报了16.4%,其行为已经构成了瞒报统计资料的违法行为。那么,对此现象,该统计局应该怎么办呢?

【案件评析】

我国统计法第四十一条规定,作为统计调查对象的国家机关、企业事业单位或者其他组织有下列行为之一的,由县级以上人民政府统计机构责令改正,给予警告,可以予以通报;其直接负责的主管人员和其他直接责任人员属于国家工作人员的,由任免机关或者监察机关依法给予处分:……(二)提供不真实或者不完整的统计资料的……企业事业单位或者其他组织有前款所列行为之一的,可以并处五万元以下的罚款；情节严重的，并处五万元以上二十万元以下的罚款。个体工商户有本条第一款所列行为之一的，由县级以上人民政府统计机构责令改正，给予警告，可以并处一万元以下的罚款。本案中，该餐饮有限公司瞒报统计资料符合该条关于"提供不真实或者不完整的统计资料的"的规定，该统计局可对其处以五万元以下罚款；情节严重时，并处五万元以上二十万元以下罚款。

☆《中华人民共和国价格法》重点知识解读

一、立法背景

价格法是调整我国社会主义市场经济关系的法律，既属于市场交易、市场管理法的范畴，又属于宏观调控法的范畴。

为了优化市场资源配置，创造价格合理形成的公平竞争环境，克服和弥补市场机制的缺陷与不足，政府有必要依法对市场价格进行有效的宏观调控和必要的适度干预。同时，也需要通过制定价格法律，规范政府本身的价格行为。1997年12月29日，第八届全国人民代表大会常务委员会第二十九次会议审议通过《中华人民共和国价格法》，于1998年5月1日起实施。

价格法以规范价格行为，发挥价格合理配置资源的作用，稳定市场价格总水平，保护消费者和经营者合法权益为己任。价格法对制止和抑制不正当竞争，保护公平竞争起着不可替代的作用。

二、主要内容

《中华人民共和国价格法》共7章48条,主要包括经营者的价格行为、政府的定价行为、价格总水平调控、价格监督检查、法律责任五个方面的内容。

(一)经营者的价格行为

经营者的价格行为,是指经营者制定商品、服务价格,运用价格策略的行为。除政府指导价、政府定价以外,实行市场调节价,由经营者依照价格法的规定自主制定。

市场调节价是经营者自主制定,通过市场竞争形成的价格。市场调节价的定价主体是经营者,形成途径是通过市场竞争。企业自主定价,并非是可以任意定价、随意定价。在这里,企业自主定价是市场形成价格的前提,而市场对价格的最终形成起了决定性作用。正是由于集合在市场上的商品供给者和商品需求者所形成的两股不同力量互相影响而导致价格的形成,在这个意义上,经营者又是市场价格的接受者。

(二)政府的定价行为

政府价格行为,是指政府制定指导价及直接定价。我国实行并完善宏观调控下主要由市场形成价格的体制。政府指导价、政府定价的权限和具体适用范围,以中央和地方的定价目录为依据。

政府指导价,这是一种具有双重定价主体的价格形式,其定价的依据有:

1.社会平均成本;

2.市场供求状况;

3.国民经济与社会发展的要求;

4. 社会承受能力。

政府定价的定价主体是政府,具体价格由政府价格主管部门或者有关部门按照定价权限和范围制定。政府定价具有强制性,属于行政定价性质。凡实行政府定价的商品价格和服务价格,不经价格主管部门批准,任何单位和个人都无权变动。

(三) 价格总水平调控

价格总水平调控,是国家通过法律、行政和经济手段对价格总水平的变动进行干预的行为。

价格总水平调控的目标是价格总水平的基本稳定。所谓价格总水平的基本稳定,就是价格总水平既不是大起大落地波动,也不是固定不动,而是在一个较长时期内平均每年的变动幅度在一个较合理的范围之内。我国已把价格总水平调控目标纳入国民经济和社会发展计划,并建立价格总水平调控目标责任制。

在市场经济条件下,政府要实现价格总水平调控目标,从调控方式上看,以经济手段和法律手段为主,以行政手段为辅。为实现价格总水平调控目标,要综合运用货币、财政、投资、进出口等经济政策和措施。

价格干预措施种类有:

1. 限定差价率或者利润率。
2. 规定限价。
3. 提价申报制度。
4. 调价备案制度。

(四) 价格监督检查

价格监督检查,是价格主管部门的行政执法活动,是保证价格法律、法规、政策正确贯彻实施的重要手段。县级以上各级人民政府价格主管部门，依法对价格活动进行监督检查，并依照价格法的规定对价格违法行为实施行政处罚。采用吊销营业执照等行政措施的，由工商行政管理机关依法进行。

价格违法行为，是指公民、法人以及其他组织违反价格法律、法规、规章的规定，给社会造成某种危害的有过错的行为。认定价格违法行为，一般应具备以下条件：第一，价格违法的主体是价格管理相对人，即公民、法人以及其他组织；第二，侵害了价格法律规范所保护的客体，即侵害了合法的价格关系和价格秩序；第三，价格管理相对人从事了违反价格法律、法规、规章的行为，并造成价格法律、法规、规章所规定的危害后果。

价格举报制度是指公民、法人以及其他组织，以口头或者书面形式，向价格主管部门投诉、举报价格违法行为。

（五）法律责任

依违法行为的性质与危害程度的不同，法律责任分为民事责任、行政责任和刑事责任。究竟采用哪一种或者几种法律责任形式，应当根据法律调整、违法行为人所侵害的社会关系的性质、特点以及侵害的程度等多种因素来确定。本法规定的法律责任有民事责任、行政责任和刑事责任。

价格违法行为主要有以下几种：

1. 不执行政府指导价。
2. 不执行政府定价。
3. 不执行价格干预措施。
4. 不执行价格紧急措施。

三、典型案例

2010年3月，某金店开展"开业酬宾"的降价销售活动。该店宣称：在酬宾销售期间，将纯金饰品以每克118元进行销售。消费者知悉后，纷纷踊跃购买，金店的销售额直线上升。当地的物价部门得知此情况后，多次要求该金店纠正其降价销售行为，但均遭到该金店的拒绝。市物价局经过调查，发现金店2010年7月至12月的有关会计资料显示，该金店委托进行加工的黄金饰品的无税成本为每克90.26元，包括消费税在内的商品流通费用为每克12.9元，实际成本合计每克103.16元。该金店以每克118元销售纯金饰品，其中每克黄金的增值税为17.15元，扣除掉增值税，则实际销售价为100.85元。与纯金制品的实际成本相比，该金店纯金饰品的实际销售价每克比其实际成本低2.31元。市物价局认定：该金店以低于成本的价格销售纯金饰品，以排挤同行业其他经营者，扰乱了黄金饰品的市场秩序，决定对该金店处以3万元的罚款。

【案件评析】

本案涉及企业以低于成本价销售其产品是否违法，以及应承担何种法律责任的问题。我国价格法第十四条第（二）项规定，经营者不得在依法降价处理鲜活商品、季节性商品、积压商品等商品外，为了排挤竞争对手或者独占市场，以低于成本的价格倾销，扰乱正常的生产经营秩序，损害国家利益或者其他经营者的合法权益。本案中，该金店为了制造商业影响，吸引顾客，排挤同行竞争，以低于其实际成本的价格进行黄金饰品的销售，既严重损害了同行业其他经营者的利益，也扰乱了正常的市场竞争秩序，已构成价格违法行为和不正当竞争行为。因此，根据我国价格法第四十条规定，对于经营者的此种价格违法行为,价格主管部门有权责令其改正,没收违法所得,可以并处违法所得五倍以下的罚款;没有违法所得的,予以警告,可以并处罚款;情节严重的,责令停业整顿,或者由工商行政管理机关吊销营业执照。

第四节 土地管理、建筑概述

一、土地管理制度概述

土地制度是人们在一定社会经济条件下,因土地的归属和利用问题而产生的所有土地关系的总称。广义的土地制度包括土地所有制度、土地使用制度、土地规划制度、土地保护制度、土地征用制度、土地税收制度和土地管理制度等。

(一) 我国土地相关法律法规

土地制度是反映人与人、人与地之间关系的重要制度。它既是一种经济制度,又是一种法权制度,是土地经济关系在法律上的体现,是构成上层建筑的有机组成部分。我国与土地相关的法律法规主要有:

1.《中华人民共和国土地管理法》;

2.《中华人民共和国土地管理法实施条例》;

3.《土地复垦规定》;

4.《中华人民共和国城镇国有土地使用权出让和转让暂行条例》;

5.《土地违法案件查处办法》;

6.《国有企业改革中划拨土地使用权管理暂行规定》;

7.《建设用地审查报批管理办法》;

8.《闲置土地处置办法》；

9.《协议出让国有土地使用权规定》；

10《土地权属争议调查处理办法》；

（二）土地相关制度

1．国家实行土地登记制度

县级以上人民政府对所管辖的土地进行登记造册。属于国有土地的，核发《国有土地使用证》；属于集体土地的，核发《集体土地所有证》；使用集体土地的，核发《集体土地使用证》。依法登记的土地所有权和使用权受法律保护，任何单位和个人不得侵犯。

2．国家实行土地有偿有限期使用制度

除了国家核准的划拨土地以外，凡新增土地和原使用的土地改变用途或使用条件、进行市场交易等，均实行有偿有限期使用。

3．国家实行土地用途管制制度

根据土地利用总体规划，将土地用途分为农用地、建设用地和未利用土地。土地用途的变更须经有批准权的人民政府核准。严格限制农用地转为建设用地，控制建设用地总量，对耕地实行特殊保护。

二、建筑制度概述

（一）建筑法律法规体系

在中国现行社会制度和法律制度条件下，建筑法律体系是以宪法为根本，建筑法律为主干，建设部门规章和地方法规为基础构成的法律规范的综合体。建筑法规体系由建筑行政法规、建筑民事法规和建筑技术法规三部分组成。

1．建筑行政法规

建筑行政法规是国家管理机关从宏观及全局上对建设活动实施管理的法律规范。

(1) 计划法

计划法主要是通过指令性计划制度和指导性计划制度的实行,从而实现国家对建设市场的调整,以指导建设市场健康、有序的发展。

(2) 税法

税法不仅确定国家与企业之间的分配关系,并可调节社会积累和消费关系,从而促进或限制一定的企业发展。贯彻国家税法也是建设法律的重要内容。

(3) 城乡规划法

城市规划法是调整人们在制定和实施城市规划及在城市规划区内进行建设过程中发生的各种社会关系的法律规范的总称。

(4) 建筑法

建筑法是调整建筑活动过程中所形成的各种建筑社会关系的法律规范的总称。

(5) 建筑工程勘察设计法规

建筑工程勘察设计法是调整建筑勘察设计中形成的各种建筑勘察设计社会关系的法律规范的总称。

(6) 城市房地产管理法

城市房地产管理法是调整房地产业和各项房地产经营活动及其社会关系的法律规范的总称。

2. 建筑民事法规

建筑民事法规是调整平等主体的公民之间、法人之间、公民与法人之间的建设关系的法律规范的总称。

(1) 民法

民法通则规定的一般民事法律原则中的法人制度、自然人制度、民事法律行为制度、代理制度、时效制度等对建设活动都有法律约束力和规范性。民法通则的基本法律原则也是建设立法的基本原则和立法依据。

(2) 建设合同法

建设合同法是调整建设活动合同约定过程所形成的各种权利义务关系的法律规范的总称。建设合同法规定了各类建设合同订立、变更、终止的条件，合同双方的权利与义务以及违约责任等。

(3) 建筑企业法

建筑企业法是调整建筑企业从事建设活动过程中所形成的各种法律关系的法律规范的总称。建筑企业法规定了各类建设企业的设立、变更、终止的权利与义务，它为建筑业的现代化经济管理提供了充分保障，增强了建筑企业的活力，促进了建设产业的发展。

(4) 住宅法

住宅法是调整物业管理过程中所形成的各种法律关系的法律规范的总称。

3．建筑技术法规

建筑技术法规是调整建设过程中有关建设勘察、设计、施工、安装、检测、验收等建设技术法律关系的法律规范的总称。它包括各种技术规程、规则、规范、条例、办法定额及指标等规范性文件。

(1) 设计规范

设计规范是指从事工程设计所依据的技术文件。一般分为：建筑设计规范、结构设计规范和防火设计规范。

(2) 施工规范

施工规范是指施工操作程序及其技术要求的标准。一般分为：建筑施工规范和安装施工规范。

(3) 验收规范

验收规范是指检验、接受竣工工程项目的规程、办法和标准等。

(4) 建设定额

建设定额是指国家规定的消费在单位建筑产品上活劳动和物化劳动的数量标准，以及用货币表现的某些必要费用的额度。

☆《中华人民共和国建筑法》重点知识解读

一、立法背景

建筑物问题涉及的是不特定的社会公众的安全，房屋建筑市场存在的问题比较多，比如，建筑施工企业无证或越级资质承包建筑工程，承包企业将建筑工程层层转包，招投标走形式等。因此，为了维护建筑市场的秩序，保证建筑工程的质量和安全，促进建筑业健康发展，最终使得建筑业适应社会主义市场经济发展的要求，得以合理有秩序地向前发展，必须通过立法予以规范，第八届全国人民代表大会常务委员会第二十八次会议于1997年11月1日通过《中华人民共和国建筑法》，该法自1998年3月1日起施行。

2011年4月22日，第十一届全国人民代表大会常务委员会第二十次会议对《中华人民共和国建筑法》进行了修改完善。这部法律对于加强建筑活动的监督管理，维护建筑市场秩序，保证建筑工程的质量和安全,促进建筑业健康发展,具有重要意义。

二、主要内容

《中华人民共和国建筑法》共8章85条,主要包括建筑许可、建筑工程发包与承包、建筑工程监理、建筑安全生产管理、建筑工程质量管理、法律责任六个方面的内容。

(一)建筑许可

按照该法的规定,建筑许可的内容有:建筑工程施工许可、从业资格。

1. 领取施工许可证

所谓施工许可证,是指建筑工程开始施工前建设单位向建筑行政主管部门申请的可以施工的证明。这里需要说明的是,建设行政主管部门必须依法颁发施工许可证。对于申请者来讲,如果认为自己的合法权益受到了侵犯,可以依法提起行政诉讼;对于建设行政主管部门来讲,应当承担相应的法律责任。

2. 申请领取施工许可证应当具备的条件

申请领取施工许可证,应当具备下列条件:

(1) 已经办理该建筑工程用地批准手续;

(2) 在城市规划区的建筑工程,已经取得规划许可证;

(3) 需要拆迁的,其拆迁进度符合施工要求;

(4) 已经确定建筑施工企业;

(5) 有满足施工需要的施工图纸及技术资料;

(6) 有保证工程质量和安全的具体措施;

(7) 建设资金已经落实;

（8）法律、行政法规规定的其他条件。

建设行政主管部门应当自收到申请之日起十五日内，对符合条件的申请颁发施工许可证。

3．从业资格

从事建筑活动的建筑施工企业、勘察单位、设计单位和工程监理单位，应当具备下列条件：

（1）有符合国家规定的注册资本；

（2）有与其从事的建筑活动相适应的具有法定执业资格的专业技术人员；

（3）有从事相关建筑活动所应有的技术装备；

（4）法律、行政法规规定的其他条件。

（二）建筑工程发包与承包

建筑工程的发包单位与承包单位应当依法订立书面合同，并在条文中明确双方的权利和义务。同时，该法规定，建筑工程依法实行招标发包，对不适于招标发包的可以直接发包；承包建筑工程的单位应当持有依法取得的资质证书，并在其资质等级许可的业务范围内承揽工程。

发包分招标发包和直接发包。招标发包活动依据《中华人民共和国招标投标法》进行。对直接发包的，实践中一般以外资、民营企业项目居多，须经县级以上建设行政主管部门批准，承包单位应具有相应的资质。

施工单位作为直接承包商，在与开发单位签订建设施工合同时须注意的事项有：1．挂靠问题；2．联合承包；3．禁止转包，可实行分包。

(三)建筑工程监理

为保证建筑工程承包单位的工程质量,我国实行建筑工程监理制度。实行监理的建筑工程,由建设单位委托具有相应资质条件的工程监理单位监理。建设单位与其委托的工程监理单位应当订立书面委托监理合同。

在建筑工程监理过程中,应注意以下几点:

1. 应委托具有相应资质条件的监理单位;
2. 应订立书面委托监理合同,明确双方的权利义务和责任;
3. 实施监理前,应将监理单位名称、监理内容及监理权限书面通知施工单位;
4. 监理单位所应承担的责任。

(四)建筑安全生产管理

为了减少人员伤亡和事故损失,我国逐渐加强和完善了建筑安全生产管理的管理模式。

建筑工程安全生产管理必须坚持安全第一、预防为主的方针,建立健全安全生产的责任制度和群防群治制度。建筑施工企业应当在施工现场采取维护安全、防范危险、预防火灾等措施;有条件的,应当对施工现场实行封闭管理。施工现场对毗邻的建筑物、构筑物和特殊作业环境可能造成损害的,建筑施工企业应当采取安全防护措施。遇有法律规定情形的,建设单位应当按照国家有关规定办理申请批准手续。

(五)建筑工程质量管理

和上述建筑安全生产管理一样,为保证建筑工程的质量,相关单位应该加强建筑工程质量管理方面的意识。

建筑物在合理使用寿命内，必须确保地基基础工程和主体结构的质量。建筑产品的生产者包括建筑工程的勘察单位、设计单位、施工企业及工程监理单位。对直接关系到建筑物使用安全的地基基础工程和主体结构承担质量责任的期限应当为建筑物的整个合理使用寿命期间。对"合理使用寿命期间"法律未作明确规定，需要根据各类建筑物的不同情况，由有关技术部门作出判断。建筑工程竣工时，已有质量缺陷的，建筑施工企业应当修复。

一般情况下，出现房屋质量缺陷的，应由建设单位先承担质量责任，再由相关部门鉴定，确认最后责任承担者。

（六）法律责任

责任主体承担的处罚形式有：1．责令改正；2．责令停止施工；3．罚款；4．责令停止违法行为；5．责令停业整顿；6．降低资质等级；7．吊销资质证书；8．没收违法所得；9．没收贿赂财物；10．处分；11．行政处分。

责任主体承担法律责任的方式包括：1．返工、修理、赔偿责任；2．连带赔偿责任；3．刑事责任；4．行政责任；5．终身质量责任。

三、2011 年修法亮点

2011 年 4 月 22 日新修订的《中华人民共和国建筑法》与修订前相比，其突出的特点是针对建筑工程职工人身伤害方面作出了更加具体、有力的规定。一方面是源于近年来建筑工程职工的伤害事故屡屡发生；另一方面是根据 2004 年 1 月 1 日起施行的《工伤保险条例》作出的建筑行业相关规定。新修订的建筑法于 2011 年 7 月 1 日起施行。

亮点：建筑施工企业应当依法为职工参加工伤保险缴纳工伤保险费。

新修订的建筑法四十八条增加条款规定，建筑施工企业应当依法为职工参加工伤保险缴纳工伤保险费。鼓励企业为从事危险作业的职工办理意外伤害保险，支付保险费。

四、典型案例

2010年9月16日，王某与没有建筑资质的农民工江某签订承揽建筑合同，由江某为其建造一座私人住宅。为方便施工，江某在建筑工地内挖建了一个约60厘米深、面积达20多平方米的石灰池，石灰池周围无任何标志及防护设施。同年10月13日下午，工地对面居民李某5岁的女儿到工地玩耍，不慎掉落装满了石灰膏的池内，后被人发现救起送医院治疗。经诊断，受害人双目受到烧伤，共用去医药费6400多元。事发后，经有关部门调解未果，受害人遂向法院提起诉讼，要求王某、江某共同赔偿其医药费、护理费等经济损失8726元。

【案件评析】

本案争议的焦点集中在村镇建房是否一定要由有建筑从业资格的工匠来承建，这也是本案被告王某是否应承担责任的关键。我国建筑法第二条首先开宗明义地规定了"在中华人民共和国境内从事建筑活动，实施对建筑活动的监督管理，应当遵守本法"。并对"建筑活动"作了以下定义："本法所称建筑活动，是指各类房屋建筑及其附属设施的建造和与其配套的线路、管道、设备的安装活动。"这就说明，凡是在中华人民共和国境内进行各类房屋建筑（当然地包括村镇建房）及其附属设施的建造和与其配套的线路、管道、设备的安装活动的，必须遵守建筑法。建筑法同时规定，承包建筑工程的单位和从事建筑活动的建筑施工企业以及从事建筑活动的专业技术人员，必须取得相应的执业资格证书，并只能在执业资格证书许可的范围内从事建筑活动。对发包单位将工程发包给不具有相应资质条件的承包单位和未取得资质证书承揽工程的，该法第六十五条也作出了相应的罚则，即"发包单位将工程发包给不具有相应资质条件的承包单位的，或者违反本法规定将建筑工程肢解发包的，责令改正，处以罚款。未取得资质证书承揽工程的，予以取缔，并处罚款；有违法所得的，予以没收"。

因此，本案被告王某将建房工程发包给没有相应从业资质的被告江某承建是违反建筑法有关强制性规定，法院判决王某、江某共同赔偿医药费、护理费是有法律依据的。

☆《中华人民共和国土地管理法》重点知识解读

一、立法背景

土地管理法指对国家运用法律和行政的手段对土地财产制度和土地资源的合理利用所进行的管理活动予以规范的各种法律规范的总称。

土地管理立法是一个历史的概念，随着时代的发展，人口大量增加，经济日益发达，城市化和工业化迅速推进，对土地的需要猛增，而土地的自然供给是绝对有限的。为了满足这种需要，在现代社会中最能有效地普遍地采用的手段就是法律手段。能积极地调节处理土地供需矛盾，能有效地约束人们不利于土地保护和合理利用的行为，能推动人们按照可持续发展的战略要求控制土地的，就是通过制定法律，确立有关法律规范。因而，土地管理立法有明显的时代意义。

1986年6月25日，第六届全国人民代表大会常务委员会第十六次会议通过了《中华人民共和国土地管理法》。1988年12月29日第七届全国人民代表大会常务委员会第五次会议对该法进了第一次修正。该法实施以后，对于加强土地管理，维护土地的社会主义公有制，保护、开发土地资源，合理利用土地，保护耕地，发挥了积极的作用。但是，随着改革深化、形势发展，土地管理法的若干规定已经明显地不能适应加强土地管理、切实保护耕地的需要。一些地方违法批地、乱占耕地、浪费土地的问题时有发生，造成耕地面积锐减，土地资产流失。据统计，1986—1995年，农业结构调整占用耕地和灾害损毁耕地7000多万亩，非农业建设占用耕地2960万亩。城镇外延扩张、村庄分散建设占用耕地严重，人地矛盾已经十分尖锐。对于土地管理特别是耕地保护这个事关全国大局和中华民族子孙后代的大问题，党中央、国务院高度重视，经过反复研究，于1997年4月15日发布了《中共中央、国务院关于进一步加强土地管理切实保护耕地的通知》（中发〔1997〕11号），要求加强土地的宏观管理，进一步严格建设用地的审批管理，严格控制城市建设用地规模，加强农村集体土地的管理，加强对国有土地资产的管理，加强土地的执法监督检查，加强对土地管理工作的组织领导。据此，1998年8月29日第九届全国人民代表大会常务委员会第四次会议对土地管理法进行较大修订；2004年8月28日第十届全国人民代表大会常务委员会第十一次会议又就"征用"改为"征收"问题进行了第二次修正。

土地管理法对加强土地管理，维护土地的社会主义公有制，保护、开发土地资源，合理利用土地，切实保护耕地，促进社会经济的可持续发展具有重大意义。

二、主要内容

《中华人民共和国土地管理法》共 8 章 86 条，主要包括土地的所有权和使用权、土地利用总体规划、耕地保护、建设用地、监督检查、法律责任六个方面的内容。

（一）土地的所有权和使用权

本法对土地的所有权和使用权作了规定。土地的所有权和使用权是土地法律制度的重要内容，土地权属的确认对土地的开发、利用和保护有着重要影响。

土地所有权是由土地所有制决定的，也就是土地所有权是土地所有制在法律上的表现。我国实行土地的社会主义公有制，即全民所有制和劳动群众集体所有制，从而在土地所有权方面，确立了国有土地和农民集体所有的土地这两种所有权。

土地使用权是指土地使用者在法律规定的范围内对所使用的土地有占有、使用和收益的权利。这种权利的产生是以土地具有使用价值为基础，同时又具有某些商品属性。

（二）土地利用总体规划

土地利用总体规划是指在一定区域内，根据国民经济和社会发展对土地的需求以及当地的自然、经济和社会条件，对该地区范围内全部土地的利用所作的长期的、战略性的总体布局和安排。土地利用总体规划的根本作用在于以土地利用为中心，优化土地利用结构，促进各行业的健康发展。

在土地管理法中，实行土地用途管制是以土地利用总体规划为根据的，所以土地利用总体规划的体系与编制十分重要，主要规定有：一是规划的体系。二是编制规划的依据。三是编制规划的原则。四是规划的可操作性。五是规划的审批。除上述五种情况外，其他的土地利用总体规划由省级人民政府审批；法律又专门规定乡镇土地利用总体规划由省级人民政府授权的设区的市、自治州人民政府批准，这样使数量很大的乡镇规划的审批以授权的办法适当分散，但审批权还是集中的，只是便于实施并有利于保证审批质量。

（三）耕地保护

为保护我国业已不多的耕地资源，合理开发和利用土地，促进社会经济的可持续发展。我国土地管理法增设一章，专门对耕地保护问题作出规定。

耕地保护是新的土地管理法的突出内容，对耕地实行严格保护的法律规范主要有：

1．国家保护耕地，严格控制耕地转为非耕地。

2．国家实行占用耕地补偿制度。

3．国家实行基本农田保护制度。

4．保护耕地的其他措施。

（四）建设用地

建设用地的取得，包括：建设用地原则上要使用国有土地、建设用地使用集体所有土地的情形和农用地转为建设用地的审批三方面。

主要内容有：1．建设用地的取得；2．农用地转为建设用地；3．土地征用；4．建设用地的取得方式和使用；5．乡村建设用地；

6. 集体土地使用权转移的特别规定。

(五) 监督检查

监督检查的目的就在于加强执法,保证法律的实施,强化对土地违法行为的制裁力度,违法者必须受到惩罚。

监督检查包括三个方面:

1. 有权进行监督检查的主体是县级以上人民政府土地行政主管部门。

2. 监督检查的对象包括土地行政管理相对人和土地行政管理机关。

3. 监督检查的内容包括两个方面:一是对法律的实施情况进行监督,督促法律规定的落实。二是对违反法律的行为进行检查,并依法进行处理。

(六) 法律责任

修改后的土地管理法加大了对土地违法行为的处罚力度,强化了保护耕地的法律措施,保障调整土地关系的各项法律规定得以贯彻实施,维护国家统一集中管理土地的职能,维护人民群众的合法权益不受侵犯。

三、典型案例

2005年10月14日,王某和同组另一村民共同与村委会签订了一份合同,分别承包了25.7亩和34.3亩湖田。合同约定:"承包期为连续使用,到村组调整之时,随组内调整。……上交额每亩15元,随国家公粮增减变动。"此后上交额逐年增加。王某家庭困难,妻子死得早,上有多病的老母,下有一双儿女,本身又不善经营,因此欠下一些债务。不久，由于特大洪涝灾害，农业严重欠收，许多承包人将湖田大面积抛荒。无奈，王某只在4亩左右的土地上种植了小麦，其余也抛荒了。时村民小组长找到王某的儿子说明其欠上交费用的情况，其子认为王某不宜继续承包。1999年年底，村委会决定联系他人承包抛荒地。2010年1月20日，村委会与另一村民邓某签订湖田承包合同，承包包括王某的25.7亩湖田在内的60亩土地。同日，邓某又与邻村的范某签订了转包协议，将60亩地转包给范某经营。范某自当年起在承包地上栽种树木，与此同时王某将田边的简易房屋卖给他人并伐掉所栽的树木后回到自己的老房子居住。后来，王某反悔，多次找村委会，想要回自己曾经承包的25.7亩湖田，但遭到拒绝。王某遂向各级政府及相关部门反映情况，但均没有结果。

【案件评析】

在不具备法定条件、未经法定程序的情况下，村委会单方解除合同的行为不能产生法律效力，王某依然享有对相关土地的承包经营权。虽然最高人民法院《关于审理农业承包合同纠纷案件若干问题的规定（试行）》第二十四条规定，承包经营耕地的承包方弃耕抛荒的，发包方有权终止承包合同。但是，《中华人民共和国土地管理法》第三十七条第三款规定："承包经营耕地的单位或者个人连续二年弃耕抛荒的，原发包单位应当终止承包合同，收回发包的耕地。"由此可见，承包方连续2年弃耕抛荒是发包方终止合同的法定条件。而王某承包的农田是在1999年下半年开始抛荒的，抛荒时间仅半年，抛荒面积并非全部承包地，显然是不符合终止承包合同条件的。

☆《中华人民共和国城市房地产管理法》重点知识解读

一、立法背景

房地产业是经济发展的基础性、先导性产业，是国民经济的支柱产业之一。房地产业的发展，不仅可以为城市经济的发展提供基本物质基础和前提，而且有利于改善城市居民生活条件，为国家开辟一条重要财源。房地产业在国民经济和社会发展中的重要地位和作用，客观上要求用法律加以规范、引导、推动和保障。

党的十一届三中全会以来，特别是我国进行城镇国有土地有偿使用制度改革和房地产综合开发建设体制改革以来，我国房地产业迅速崛起。1992年，邓小平同志视察南方发表重要谈话和党的十四大以来，改革和建设的步伐加快，房地产业的发展随之进入一个新的发展阶段。同时，随着房地产业的迅猛发展，也出现了一些亟待解决的问题，主要是：土地批租热、建开发区热，造成建设用地供应总量失控，国家土地资源流失；房地产开发投资结构不合理，房地产开发企业过多、过滥；房地产市场机制不健全，交易不规范，交易价格混乱，炒地皮、炒房产现象严重，造成国有土地收益流失。要从根本上解决这些问题，必须把房地产管理纳入法制的轨道。

党的十四届三中全会通过的《中共中央关于建立社会主义市场经济体制若干问题的决定》，明确提出要"规范和发展房地产市场"。因此，为了加强对城市房地产的管理，维护房地产市场秩序，保障房地产权利人的合法权益，促进房地产业的健康发展，适应建立社会主义市场经济体制的需要，抓紧制定这部法律就显得更加迫切。为此，1994年7月5

日,第八届全国人民代表大会常务委员会第八次会议审议通过了《中华人民共和国城市房地产管理法》。2007年8月30日,第十届全国人民代表大会常务委员会第二十九次会议对城市房地产管理法进行了修正。

城市房地产管理法对加强城市房地产的管理,维护房地产市场秩序,保障房地产权利人的合法权益,促进房地产业的健康发展具有重大意义。

二、主要内容

《中华人民共和国城市房地产管理法》共7章73条,主要包括房地产开发用地、房地产开发、房地产交易、房地产权属登记管理、法律责任五个方面的内容。

(一) 房地产开发用地

房地产开发,一般是对土地和地上建筑物进行的投资开发建设活动。房地产开发是指在依法取得土地使用权的国有土地上进行基础设施、房屋建设的行为。房地产开发是一项高投入、高风险的投资经营活动,也是一项涉及面较广的经济活动,其对国计民生产生重大影响,因此,国家通过立法及其他手段对其加以调控管理。

房地产开发用地采取土地使用权出让和土地使用权划拨两种方式。

以出让方式取得土地使用权进行房地产开发的,必须按照土地使用权出让合同约定的土地用途、动工开发期限开发土地。1.超过出让合同约定的动工开发日期满1年未动工开发的,可以征收相当于土地使用权出让金20%以下的土地闲置费;2.满2年未动工开发的,可以无偿收回土地使用权。但是,因不可抗力或者政府、政府有关部门的行为或者动工开发必需的前期工作造成动工开发迟延的除外。

(二) 房地产开发

房地产开发不具有任意性,必须按照法律的相关规定合法开发。房地产开发必须严格执行城市规划,按照经济效益、社会效益、环境效益相统一的原则,实行全面规划、合理布局、综合开发、配套建设。

房地产开发项目的设计、施工,必须符合国家的有关标准和规范;房地产开发项目竣工,经验收合格后,方可交付使用。上述立法的目的系为保障房地产开发过程及产品的安全性,使房地产开发企业在追求经济效益的同时,兼顾社会效益和环境效益。取得竣工验收合格证亦是申请取得房屋所有权的一个重要条件。

(三) 房地产交易

房地产交易是房地产交易主体之间以房地产这种特殊商品作为交易对象所从事的市场交易活动。房地产交易是一种极其专业性的交易。房地产交易的形式、种类很多,每一种交易都需要具备不同的条件,遵守不同的程序及办理相关手续。房地产交易包括五方面的内容:一般规定、房地产转让、房地产抵押、房屋租赁、中介服务机构。

房地产交易的分类:

第一,按交易形式的不同,可分为:房地产转让、房地产抵押、房地产租赁。

第二,按交易客体中土地权利的不同,可分为:国有土地使用权及其地上房产的交易和集体土地使用权及其地上房产的交易。现行法大多禁止或限制其交易,因此,在我国,一般房地产交易仅指前者。

第三,按交易客体所受限制的程度不同,可分为:A. 受限交易(如划拨土地使用权及其地上房产的交易,带有福利性的住房及其占用土地使用权的交易等);B. 非受限交易(如商品房交易等)。

第四，按交易客体存在状况的不同，可分为：A．单纯的土地使用权交易；B．房地产期权交易；C．房地产现权交易。

房地产交易应遵循以下一般规则：1．房产权和地产权一同交易。2．权利、义务承接。3．实行房地产价格评估。4．实行房地产成交价格申报。5．依法登记。

（四）房地产权属登记管理

按照本法规定，我国实行土地使用权和房屋所有权登记发证制度。房地产权属登记，又称房地产登记，指由房地产管理部门依职权或应当事人请求，对土地所有权、土地使用权、房屋所有权和房地产他项权利等进行勘测、记录、核实、确认，并向权利人颁发权证的一系列活动。

房地产权属登记具有以下功能：权利确认功能，指房地产登记确认房地产权利归属状态，经登记的房地产权利受国家强制力保护，可以对抗权利人以外的任何人。权利公示功能，指房地产登记公开房地产权利变动状况，昭示利益关系人与社会公众，保障房地产交易的安全。管理功能，指房地产登记实现国家的管理意向，一方面通过登记建立产籍资料，进行产籍管理；另一方面通过登记审查相关权利设立、变更、终止的合法性，进而取缔或处罚违法行为。

我国房地产权属登记机关为房地产所在地的人民政府有关行政主管部门。目前，我国有两种登记模式：一是房屋与土地权属分别登记；二是房屋与土地权属统一登记。对此，城市房地产管理法规定，经省、自治区、直辖市人民政府确定，县级以上地方人民政府由一个部门统一负责房产管理和土地管理工作的，可以制作、颁发统一的房地产权证书，依法将房屋的所有权和该房屋占有范围内的土地使用权的确认和变更，分别载入房地产权证书。我国房屋与土地权属登记的发展趋势将是统一登记发证。

（五）法律责任

对于违反本法规定的人员要承担相应的责任，如民事责任、刑事责任、行政责任。如房产管理部门、土地管理部门工作人员利用职务上的便利，索取他人财物，或者非法收受他人财物为他人谋取利益，构成犯罪的，依法追究刑事责任；不构成犯罪的，给予行政处分。

三、2007年修法亮点

2007年新修订的《中华人民共和国城市房地产管理法》与1995年1月1日施行的该法相比，主要亮点表现如下：

亮点：关于房屋征收上的问题予以了法律规定。

在总则中，新修订的城市房地产管理法新增一条，按照国务院的规定，为了公共利益的需要，国家可以征收国有土地上单位和个人的房屋。本法条明确了国家征收房屋的关键问题，从法律上缓和了国家征收土地和被征收者的矛盾。

四、典型案例

2007年3月，王某以70480元的价格预购供销社自建营业房一套，建筑面积72.66平方米。2007年7月，供销社向王某交付了房屋，但未为其办理房屋所有权证及土地使用权证。2008年7月19日，王某与同为供销社职工的刘某签订购房协议，约定王某将此房以78000元价格卖给刘某，刘某于房屋交付时先向王某支付房款71000元，余款7000元待办理好房屋过户手续后支付，王某负责为刘某办理房屋过户手续并承担房屋过户所需的费用,同时约定自签订协议之日起房屋的所有权归被告所有。合同签订后双方依约履行了交房及付款手续,但房屋权属证书一直没有办理。王某曾多次向刘某索要7000元购房余款,但均遭到刘某的拒绝。2009年3月11日,王某向铜山县人民法院提起诉讼,要求刘某给付所欠房款7000元,刘某以王某未能为其办理房屋过户手续及负担相关费用为由不愿给付,后王某申请撤回起诉。2010年6月27日,王某向铜山县人民法院提起诉讼,请求法院依法确认其于2008年7月19日与被告刘某所签订的房屋买卖合同无效,判决双方相互返还财产。那么,该房屋买卖合同是否有效?

【案件评析】

我们认为,依法成立的合同受法律保护。原、被告之间的买卖合同成立并生效。理由如下:首先,原、被告签订房屋买卖合同,属双方的真实意思表示,是双方在平等、自愿的基础上签订的,且已实际履行多年,根据诚实信用原则,应当受到法律的保护;其次,合同违反法律、行政法规的强制性规定,一种情况是法律、法规直接规定此类合同无效,另一种情况是虽违反法律、法规的强制性规定,但法律、法规并没有直接规定此类合同无效,而只是规定了违反行政法规应承担的行政责任,不影响合同的效力。本案中,第三人未办理规划许可证等相关手续建房,有关行政部门可以对此作出处理,但法律、法规并未明确禁止此类房屋的买卖;再次,买卖双方自愿,并立有契约,买方已交付了房款,并实际使用和管理了房屋,又没有其他违法行为,只是买卖手续不完善,应认为买卖合同有效,但应令其补办房屋买卖手续。本案中,原告付给第三人房款,购买第三人房屋,事实上已对房屋享有了占用、使用、收益和处分的权利,只是欠缺房产登记过户的形式要件，且原、被告均作为第三人职工，双方对这一欠缺应是明知的，故原告出售给被告该宗房屋，属有权处分，并非无权处分。

第五节 能源法概述

一、能源法的概念

能源法是调整能源开发、利用、管理活动中的社会关系的法律规范的总和，是调整能源领域中各种社会关系的法律规范的总称。能源法的调整以能源开发利用及其规制的法制化、高效化、合理化为出发点，以保证能源安全、高效和可持续供给为归宿。广义的能源法包括能源基本法、节约能源法、石油法、煤炭法、电力法、原子能法、可再生能源法以及有关具体能源的行政法规、规章和地方法规。

二、能源的立法原则

（一）能源可持续性利用原则

能源的可持续性利用，是指以可以持续的方式利用能源，对于可再生能源而言，指的是在保持它的最佳再生能力下利用，对于不可再生能源而言，指的是保存和不以使其耗尽的方式利用。

（二）能源市场化配置与政府管制相结合的原则

这是指以市场为能源的基础配置手段，但是能源的市场化配置同样存在弊端，故必须始终坚持将能源的市场化配置与政府对能源进行必要的管制相结合。

(三) 能源利用与环境保护相结合的原则

在以化石能源为主要能源的今天,能源的利用势必会造成环境的破坏,为实现代际公平的价值理念,须始终贯彻能源的利用与环境的保护的宗旨。

(四) 以人为本的原则

能源的开发利用关系到每一个人的生存质量,故在能源法中应始终坚持以人为本的原则,并以此为基础,促进公共参与制度、普遍服务制度等的建立和完善。

(五) 能源国际合作的原则

鉴于能源的稀缺性以及我国巨大的能源需求量,我国必须充分利用国际、国内两个市场。能源国际合作是通过各种途径积极协调与世界各国关于能源开发、利用等各方面的关系。

三、能源法的法律制度

(一) 能源综合管理制度

能源综合管理制度是指通过各方面的积极协作对能源的开发利用活动进行系统性的管理,包括行业自律、产权管理、进出口管理、标准化管理等。

(二) 能源战略与规划制度

能源战略与规划制度是指对能源的开发、利用、运输、供给等事项应当事先从宏观上予以安排的制度。

(三) 能源市场配给制度

能源市场配给制度是指以市场为基本的能源配置手段并减少政府指令性计划干预的制度。

(四) 能源科技创新制度

科技创新是保障能源安全的根本途径,能源科技创新制度就是要通过法律的手段促进能源科技的开发及应用。

(五) 能源应急储备制度

能源应急储备制度是指为应对能源危机而建立的安全预警和应急制度,对重要能源进行储备是能源应急制度的重要内容。

(六) 能源价格与财税制度

能源价格与财税制度是指通过价格和财税机制保障能源的可持续利用的制度。

(七) 能源监督检查制度

能源监督检查制度是指发动社会各方面的力量对能源开发利用活动中的违法行为进行监督检查的制度。

(八) 能源法律责任制度

能源法律责任制度是指对各种违反能源法规定的行为课以相应的法律责任的制度。

四、能源法的法律法规体系

能源法的法律体系主要包括以下法律:

(一) 煤炭法

煤炭法是指调整煤炭资源开发利用及其规制,安排煤炭业有序和健康发展,达到原煤和成品煤安全供给的法律规范的总称。

(二) 电力法

电力法是调整电力经营和供给、电力工程和设施的管理及其规制,用以维护电力用户利益,保证电业健康发展和公共安全的法律规范的总称。

(三) 石油天然气法

石油天然气法是调整石油天然气合理勘探、开采、加工炼制、储运、供应、贸易活动,保证石油天然气安全、有效、持续供给的法律规范的总称。

(四) 可再生能源法

可再生能源法是调整可再生能源开发利用,保证可再生能源有效供给和社会可持续发展的法律规范的总称。

(五) 节约能源法

节约能源法是指调整人们在利用能源以及从事相关活动的过程中所发生的社会关系的法律规范的总称。

(六) 其他能源法

1. 原子能法

原子能法是指调整人们在开发利用原子能以及从事相关活动的过程中所发生的社会关系的法律规范的总称。

2. 农村能源法

农村能源法是指调整人们在农村地区利用能源以及从事相关活动过程中所发生的社会关系的法律规范的总称。

3. 能源公用事业法

能源公用事业法是指调整能源供应商和消费者在能源供应销售过程中所发生的社会关系的法律规范的总称。

☆《中华人民共和国矿产资源法》重点知识解读

一、立法背景

矿产资源是国家的宝贵财富，是社会主义现代化建设的重要物质基础。建国以来的大规模地质工作，为我国的社会主义现代化建设提供了较好的矿产资源条件。矿产资源勘查、开发事业的发展，对于促进社会主义现代化建设、增强国力，都具有重要意义。但是多年来，一方面矿产资源未能得到充分开发利用，另一方面由于法制不健全，管理不善，不论在矿产资源的勘查还是开发工作中，都存在不少问题。这些问题造成了资源的浪费和破坏，影响了资源勘查、开发的速度和效益，为此，迫切需要制定矿产资源法。根据宪法关于矿藏即矿产资源属国家所有，国家保障自然资源的合理开发利用的规定，为了体现国家关于"放开、搞活、管好"的加快开发地下资源的总方针，1986年3月19日，第六届全国人民代表大会常务委员会第十五次会议审议通过了《中华人民共和国矿产资源法》。

自1986年10月1日矿产资源法正式实施以来，对加强矿产资源勘查、开采的监督管理，打击乱采滥挖和破坏浪费矿产资源的行为，治理整顿矿业秩序，促进矿产资源的合理开发利用和有效保护，维护国家权益，起到了重要作用。但是，随着深化改革、扩大开放，特别是党的十四大确定建立社会主义市场经济体制以来，矿产资源法的某些条款已经明显地不适应形势发展的需要，亟待修改完善。八届全国人大二次、三次、四次会议期间，许多代表多次提出修改矿产资源法的议案、建议。据此，地质矿产部和国务院法制局在深入调查研究、广泛听取意见、总结实践经验的基础上，拟订了矿产资源法修正案（草案），并经1996年5月29日国务院第45次常务会议通过。1996年8月29日，第八届全国人民代表大会常务委员会第二十一次会议审议通过了《关于修改〈中华人民共和国矿产资源法〉的决定》。

二、主要内容

《中华人民共和国矿产资源法》共7章53条，主要包括矿产资源勘查的登记和开采的审批、矿产资源的勘查、矿产资源的开采、集体矿山企业和个体采矿四个方面的内容。

（一）矿产资源勘查的登记和开采的审批

国家实行矿产资源勘探的登记，是为了保证国家矿产资源勘探的合法性，同时也在一定程度上对矿产资源的浪费行为进行了限制。矿产资源开采的审批，是为了限制矿产资源开采的任意性，保障矿产资源开发的有序进行。

（二）矿产资源的勘查

矿产资源勘查的方式不是完全相同的，它应根据不同矿产资源的类型、性质予以区分。例如，普查、勘探易损坏的特种非金属矿产、流体矿产、易燃易爆易溶矿产和含有放射性元素的矿产，必须采用省级以上人民政府有关主管部门规定的普查、勘探方法，并有必要的技术装备和安全措施。

（三）矿产资源的开采

本法对矿产资源的开采作了许多规定：必须采取合理的开采顺序、开采方法和选矿工艺；必须遵守国家劳动安全卫生规定，具备保障安全生产的必要条件；必须遵守有关环境保护的法律规定，防止污染环境；等等。

（四）集体矿山企业和个体采矿

集体矿山企业和个体采矿，是由两部分组成的。一方面，国家和地方对集体矿山企业和个体采矿采取积极扶持、合理规划、正确引导、加强管理等方法；另一方面，集体矿山企业和个体采矿要从自身做起，应当提高技术水平，提高矿产资源回收率。

三、典型案例

2009年，某村村民张某与该村村委会签订砂坑承包协议，双方约定：由张某承包该村西口砂坑8亩，经营沙子，并一次性交清承包费10万元，村委会提供料场，一切资源费用由村委会负责。该协议签订后，张某即向村委会交纳了承包费10万元，并开始开采。2010年9月，市国土资源局以张某未取得采矿许可证非法采砂为由，对其处以追缴非法所得5万元，罚款2万元的行政处罚。张某遂以该村委会为被告向法院提起诉讼，认为该罚款应由村委会承担，请求法院判令村委会返还承包费10元，并赔偿各项损失8万元。

【案件评析】

我国矿产资源法第三条第一款规定:"矿产资源属于国家所有,由国务院行使国家对矿产资源的所有权。地表或者地下的矿产资源的国家所有权,不因其所依附的土地的所有权或者使用权的不同而改变。"本案中,张某和村委会签订的承包砂坑协议虽然是双方真实意思表示,但矿产资源依法属于国家所有,村委会不享有所有权,也未取得使用权,其不具有发包资格,该协议应属无效。此外,按照我国民法通则第六十一条的规定,张某和村委会在签订该协议时应当知道矿产资源属于国家所有,但仍违法签订该协议,其主观上均有过错,各自损失应各自承担。村委会因该协议取得的承包费应当返还给张某。张某提出的因经营而遭受的损失及村委会提出的恢复土地原貌的损失分别由各自承担。

☆《中华人民共和国电力法》重点知识解读

一、立法背景

电力是实现国民经济现代化和提高人民生活水平的物质基础,电力工业是关系国计民生的基础产业。改革开放以来,电力工业取得了长足发展。但是,电力供应仍然不能满足社会经济发展的要求,总量不足,供需矛盾突出;在建规模严重不足,缺乏发展后劲;电网建设落后于电源建设,影响现有电源能力的发挥。电力工业仍然是制约国民经济发展的"瓶颈"产业之一。因此,迫切需要制定电力法,以保护电力投资者、经营者的合法权益,吸引国内外的经济组织和个人投资发展电力工业;使电力建设项目符合电力发展规划,电网建设与电源建设协调发展,以达到促进电力工业发展的目的。此外,电力作为一种特殊的商品,其生产、供应、销售同时进行,发电、供电、用电同时完成,且又相互联系、互相影响。同时,电力供应面向全社会,服务于各行各业和千家万户,具有公用事业的性质。为了维护发电、供电、用电的正常秩序,维护电力企业和用户的合法权益,维护社会公共利益,也迫切需要通过立法建立严格的管理制度,将电力生产、供应和使用纳入法制轨道。

在征求各方面意见的基础上,经过反复讨论,第八届全国人民代表大会常务委员会第十七次会议于 1995 年 12 月 28 日审议通过了《中华人民共和国电力法》。该法对保障和促进电力事业的发展,维护电力投资者、经营者和使用者的合法权益,保障电力安全运行具有重大意义。

二、主要内容

《中华人民共和国电力法》共 10 章 75 条,主要包括电力建设、电力生产与电网管理、电力供应与使用、电价与电费、农村电力建设和农业用电、电力设施保护、监督检查七个方面的内容。

(一) 电力建设

电力建设首先表现在电力发展规划上,电力发展规划应当体现合理利用能源、电源与电网配套发展、提高经济效益和有利于环境保护的原则。国家在电力建设时要按照电力发展规划来严格要求,有节奏、按步骤地加强电力建设。

（二）电力生产与电网管理

电力法规定，电力生产和电网管理运行应当遵循安全、优质、经济的原则。电网运行应当连续、稳定，保证供电的可靠性。电网运行实行统一调度、分级管理。任何单位和个人不得非法干预电网调度。国家提倡电力生产企业与电网、电网与电网并网运行。

（三）电力供应与使用

为保障电力供应和使用的正常进行，必须遵循安全用电、节约用电、计划用电的原则。

（四）电价与电费

本法所称电价，是指电力生产企业的上网电价、电网间的互供电价、电网销售电价。国家实行分类电价和分时电价。国家法律还规定，禁止任何单位和个人在电费中加收其他费用；但是，法律、行政法规另有规定的，按照规定执行。

（五）电力设施保护

我国法律专门设立一章来讲电力设施的保护，是因为电力关系我们生活的方方面面，电力设施一旦被破坏，不但很难修复，而且还将给人们的生产生活带来极大的不便。

（六）监督检查

监督检查是指电力管理部门依法针对电力企业和用户执行电力法律、行政法规的情况采取的一项措施。

三、典型案例

刘某是酒店经理,该酒店名为集体,实为私营。2008年6月,酒店安装中央空调,因酒店原电表容量只有10kW,无法带动中央空调。刘某指使酒店电工绕越供电部门的用电计量装置,擅自接线进行窃电。至2010年5月15日被抓获止,窃电量累计达294151kWh,折合人民币250000元。本案焦点:

1. 刘某的行为违反我国电力法中的哪一条规定?
2. 对刘某应如何处理?

【案件评析】

我国电力法第七十一条规定:"盗窃电能的,由电力管理部门责令停止违法行为,追缴电费并处应交电费五倍以下的罚款;构成犯罪的,依照刑法第一百五十一条或者第一百五十二条的规定追究刑事责任。"本案中,刘某指使酒店电工绕越供电部门的用电计量装置,擅自接线进行盗电,属于该条规定的盗窃电能。对于刘某的盗电行为,有关部门应该向其追缴电费并处以应交电费5倍以下罚款,并且根据我国刑法中关于盗窃罪的规定,追究刘某的刑事责任。

☆《中华人民共和国煤炭法》重点知识解读

一、立法背景

煤炭工业是国民经济重要的基础产业,煤炭是我国的主要能源。

煤炭工业的健康发展事关国民经济的全局和社会稳定。改革开放以来，我国煤炭工业发展很快，煤炭产量连续多年居世界首位。煤炭工业在持续发展的同时，也存在一些突出问题。这些问题的存在又与煤炭立法不健全，缺乏煤炭工业主体法律有关。鉴于煤炭行业的重要地位和实际中存在的突出问题，制定煤炭法，以合理开发利用煤炭资源，规范煤炭生产和经营活动，促进煤炭工业健康发展，是十分必要的。因此，1996年8月29日，第八届全国人民代表大会常务委员会第二十一次会议审议通过了《中华人民共和国煤炭法》。

该法的出台，结束了我国没有煤炭专门法律的历史，为煤炭生产经营活动确定了严格的法律规范，对开发利用和保护煤炭资源，维护煤炭企业和矿工的合法权益提供了法律保障，也为煤炭工业实现两个根本性转变提供了有利的条件，对促进和保障煤炭工业的健康发展有着重要的现实意义和深远的历史意义。

2009年8月27日，第十一届全国人民代表大会常务委员会第十次会议对煤炭法进行了第一次修正，2011年4月22日，第十一届全国人民代表大会常务委员会第二十次会议对煤炭法进行了第二次修正。

二、主要内容

《中华人民共和国煤炭法》共8章81条，主要包括煤炭生产开发规划与煤矿建设、煤炭生产与煤矿安全、煤炭经营、煤矿矿区保护、监督检查、法律责任六个方面的内容。

（一）煤炭生产开发规划与煤矿建设

组织编制和实施煤炭生产开发规划的机关，一是国务院煤炭管理部门；二是省、自治区、直辖市人民政府煤炭管理部门。同时，煤炭生产开发规划受到一定的约束，它应当根据国民经济和社会发展的需要制定，并纳入国民经济和社会发展计划。

开发规划制度是国家对煤炭资源开发和保护实行统一规划、合理布局的重要法律制度，对于解决开发无序的状况，从源头上就采取了措施，具有很强的针对性。它确立了煤炭资源勘查规划、煤炭生产开发规划，形成了较健全的煤炭行业宏观规划管理体制。这一制度对规划的编制机关、原则、要求和效力等都作了规定，是赋予煤炭管理部门的重要的行业管理手段，为其职能转变创造了条件。

（二）煤炭生产与煤矿安全

从事煤炭生产的煤矿企业，应该依法申请取得煤炭生产许可证，而颁发煤炭生产许可证的机构是煤炭管理部门。

煤炭生产许可证制度是一项重大的法律制度。将国务院行政法规规定的行之有效的生产许可制度予以法律化，特别应该指出的是，仅取得采矿许可证是不能从事煤炭生产的，只有取得生产许可证的煤矿才有从事煤炭生产的资格与权利。

作为伤亡人数最多的行业，建立健全煤矿安全管理制度，把安全生产纳入法制轨道非常重要。本法主要明确了煤矿安全生产方针、管理体制，以及煤矿安全生产局矿长负责制、各级安全生产责任制度、不安全不生产制度、企业工会参与安全监督制和群防群治制度以及矿工意外伤害保险制度等。

（三）煤炭经营

本法关于煤炭经营的规定，是从煤炭经营被许可前和煤炭经营活动两方面进行的。法律规定，依法取得煤炭生产许可证的煤矿企业，有权销售本企业生产的煤炭。在煤炭经营活动中，煤炭经营企业从事煤炭经营，应当遵守有关法律、法规的规定，改善服务，保障供应。禁止一切非法经营活动。

针对煤炭经营领域的混乱局面，法律理顺了煤炭流通体制，减少中间环节，明确经营主渠道，加强煤炭运销行业管理。这对改革煤炭流通体制，规范煤炭流通秩序，将起到积极作用。

（四）煤矿矿区保护

为了加强煤矿矿区的安全，保障煤矿矿区活动的顺利进行，本法专门设立一章来规定一些保护煤矿矿区安全的法条。

本法首次确立了煤矿矿区保护法律制度。对矿区的生产设施的保护、生产秩序和工作秩序的维护、相邻煤矿安全的保护、矿区内其他作业的限制、煤矿专用设施的保护等作了明确的法律规定。这对维护煤矿的合法权益，创造良好的外部环境将起到积极的作用。

（五）监督检查

监督管理制度是煤炭管理部门对各类煤炭企业实行行业管理的法律制度。这一制度体现了"规划、协调、监督、服务"职能，规定了监督检查的职责权力和义务。这一制度的相关内容渗透在其他八项法律制度中。煤炭法还规定，各有关部门要在各自的职责范围内履行义务。

（六）法律责任

本法针对亟待解决的问题，规定了强行性规范和禁止条款，对各项强行性规范都规定了明确的法律责任，规定了制裁和惩罚手段，加大了执法力度，规定了包括行政责任、民事责任、经济责任和刑事责任在内的各种执法手段。只要违反这些规定，就要承担相应的法律责任,依法予以行政处分、行政处罚、民事处罚、经济处罚和刑事处罚。比如,针对非法小煤窑清理整顿反复大、难度大的问题,煤炭法规定可以采取责令停止生产、吊销生产许可证、没收违法所得,并处违法所得一倍以上、五倍以下的罚款等惩罚手段。此外,在安全生产、矿区保护、煤炭经营等方面的管理手段力度大,可操作性强。

三、2011年修法亮点

2011年新修正的《中华人民共和国煤炭法》和2011年新修正的《中华人民共和国建筑法》相类似,其突出的特点也是针对煤矿职工人身伤害方面作出了更加具体、有力的规定。一方面,来源于近年来煤矿事故频发,职工的伤害事件越发严重;另一方面是源于2004年1月1日起施行的《工伤保险规定》作出的建筑行业相关规定。新修订的建筑法于2011年7月1日起施行。

亮点:煤矿企业应当依法为职工参加工伤保险缴纳工伤保险费。

新修正的煤炭法四十四条新增内容规定,煤矿企业应当依法为职工参加工伤保险缴纳工伤保险费。鼓励企业为井下作业职工办理意外伤害保险,支付保险费。

四、典型案例

2010年,某县煤矿发生一起特大瓦斯爆炸事故。爆炸发生当班,井下一个采煤工作面、2个掘进工作面均停工。入井的36人中,除一段井底水泵司机、蹬钩工和二段绞车司机各1名外,其余33人全在二段左五片进行防火密闭施工与运料。该矿从前一天开始打设左五片上部第二溜煤眼防火密闭和左五片平巷内位于第二溜煤眼内外两道密闭。到事发时已前后历时 12 小时左右，按零点升井人员推断，爆炸恰恰发生在 3 道防火密闭施工结束或临近收尾时。据调查组认定，事故的直接原因为：自然发火矿井的自燃煤层采后空区封闭不严，因密闭和裂缝漏风造成采空区自然发火，采空区自然发火蔓延到密闭之外，由于封闭火区安全措施不可靠，通风系统调整不及时，并且没请救护队处理险情，致使火区内瓦斯积聚达到爆炸条件，造成瓦斯爆炸。

【案件评析】

本案是一起典型的煤矿安全生产事故。根据新修订的煤炭法第六十二条规定，任何单位或者个人需要在煤矿采区范围内进行可能危及煤矿安全的作业时，应当经煤矿企业同意，报煤炭管理部门批准，并采取安全措施后，方可进行作业。本案中的煤矿企业未采取安全措施并在煤矿采区范围内进行了危及煤矿安全的作业，应由煤炭管理部门责令停止作业，并依法对所造成的损失承担赔偿责任。

瓦斯是煤矿重大灾害之一，是煤矿安全的"第一杀手"。为此，煤矿企业要严格执行"先抽后采、监测监控、以风定产"的瓦斯治理方针，紧紧抓住采掘布局、通风系统、瓦斯抽采、安全监控、现场管理五个重点环节，健全完善"通风可靠、抽采达标、监控有效、管理到位"的瓦斯综合治理工作体系。

☆《中华人民共和国节约能源法》重点知识解读

一、立法背景

节约能源法，是指加强用能管理，采取技术上可行、经济上合理以及环境和社会可以承受的措施，从能源生产到消费的各个环节，降低消耗、减少损失和污染物排放、制止浪费，有效、合理地利用能源的法律。

能源是发展国民经济和提高人民生活水平的重要物质基础。节约能源是合理有效地利用能源，缓解能源紧缺状况，提高企业经济效益和保护环境的重要措施。大力开展节能工作，进一步提高能源利用水平，是我国经济发展的一项长远战略方针。1997年11月1日，第八届全国人民代表大会常务委员会第二十八次会议审议通过了《中华人民共和国节约能源法》。

本法自1998年1月1日施行以来，对于推进全社会节约能源，保护环境，促进经济社会可持续发展，发挥了重要作用。近年来，我国能源消费增长很快，能源消耗强度高、利用效率低的问题比较严重，经济发展与能源资源及环境的矛盾日趋尖锐，现行节能法已经不能完全适应当前及今后节能工作的要求，需要修订。一是，随着经济社会的发展和城镇化进程的加快，建筑、交通运输、公共机构等领域的能源消费增长很快，是节能工作的薄弱环节，需要在进一步规范工业节能的基础上，扩展现行法律的调整范围，对建筑节能、交通运输节能和公共机构节能作出规定。二是，根据立法调研和执法检查中了解的情况，现行节能法的一些倡导性条款和原则性要求难以落到实处，需要针对法律实施中存在的突出问题,对一些规定加以细化,并加大对违法行为的处罚力度,进一步增强法律的可操作性和约束力。三是,目前基层普遍存在节能工作主管部门不够明确、节能管理职责交叉的问题,造成节能监管工作有所削弱,需要进一步明确节能监管主体,理顺相关部门在节能监管中的职责。四是,加强节能工作,应更好地运用市场机制和经济手段引导和推动合理用能。需要进一步明确有关政策措施,建立促进节能的激励与约束机制。因此,第十届全国人民代表大会常务委员会第三十次会议于2007年10月28日对节约能源法进行了修订完善。

二、主要内容

《中华人民共和国节约能源法》共7章87条,主要包括节能管理、合理使用与节约能源、节能技术进步、激励措施、法律责任五个方面的内容。

(一) 节能管理

节能管理的机关是国务院和县级以上地方各级人民政府。为了落实节能管理,国务院标准化主管部门和国务院有关部门依法组织制定并适时修订有关节能的国家标准、行业标准,建立健全节能标准体系。

推进节能技术进步,提高能源利用效率。根据节能工作的实际需要,对落后的耗能过高的用能产品、设备和生产工艺实行淘汰制度,这有利于促进企业加强技术改造,采用先进工艺、技术和设备,也有利于提高我国企业整体能源利用的水平。

(二) 合理使用与节约能源

为了保障能源的合理使用并真正做到节约能源,本法对用能单位作了一些规定。能源的节约对象是：工业节能、建筑节能、交通运输节能、公共机构节能、重点用能单位节能。

(三) 节能技术进步

为了使节能达到更加有力的效果，就必须加强和提升节能方面的科学技术。我国的节能技术政策大纲的制定者是国务院管理节能工作的部门和国务院科技主管部门。

(四) 激励措施

加强节能建设力度，真正有效地做到能源的合理使用，这是一个互动的环节。除了国家制定一些有力的措施外，加大对用能人员的激励和教育，也是非常必要的。

节能奖励，是指用能单位以荣誉或者物质利益对节能工作取得成绩的车间、班组等集体或个人给予奖励。

节能奖励有利于调动用能单位有关机构和人员的积极性和创造性，形成全员参与的节能工作局面，从而促进和保障本单位节能目标和任务的完成。

(五) 法律责任

法律责任是法律、法规必不可少的重要组织部分，占有重要地位。任何法律规范，如果缺少了法律责任的规定，就难以有效地保证所规定的权利与义务的实现，从而使之形同虚设。

依违法行为的性质与危害程度的不同，违反节约能源法的法律责任分为民事责任、行政责任和刑事责任。

三、2007 年修法亮点

第十届全国人民代表大会常务委员会第三十次会议于 2007 年 10 月 28 日修订通过了《中华人民共和国节约能源法》。

较之前 1997 年已通过的节约能源法，修订后的节约能源法再次明确了节约资源是我国的基本国策。国家实施节约与开发并举、把节约放在首位的能源发展战略。新修订的节约能源法由原来的 6 章 50 条增加为 7 章 87 条。新修订的节约能源法进一步明确了节能执法主体，强化了节能法律责任。

亮点一：国家实行有利于节能和环境保护的产业政策，限制发展高耗能、高污染行业，发展节能环保型产业。

新修订的节约能源法鼓励工业企业采用各种高效节能设备和热电联产、余热余压利用、洁净煤以及先进的用能监测和控制等技术，禁止新建不符合国家规定的燃煤发电机组、燃油发电机组和燃煤热电机组。还规定，国家对落后的耗能过高的用能产品、设备和生产工艺实行淘汰制度，禁止生产、进口、销售国家明令淘汰或者不符合强制性能源效率标准的用能产品、设备；禁止使用国家明令淘汰的用能设备、生产工艺。

亮点二：对建筑节能、交通运输节能、公共机构节能、重点用能单位节能等作出了明确规定。

新修订的节约能源法中将第三章合理使用和节约能源分为几小块来具体说明，针对节能包括建筑、交通运输、公共机构、重点用能单位四个方面。这样修订，是为了更加明确、具体、有针对性地加强节能力度。

亮点三：提出了一系列财政、税收、信贷等激励措施。

新修订的节约能源法提出，鼓励先进节能技术、设备和产品的研发、生产、推广和应用，提出运用财税、价格等政策，支持推广电力需求管理、合同能源管理、节能自愿协议等节能办法，实行峰谷分时电价、季节性电价、可中断负荷电价制度，鼓励电力用户合理调整用电负荷；对钢铁、有色金属、建材、化工和其他主要耗能企业，分淘汰、限制、允许和鼓励类实行差别电价政策。

四、典型案例

2005年在建设部令第141号出台后，某市建设委员会全然不顾建设部令，将该市建筑工程质量安全监督站与该市建筑工程质量检测中心（属检测企业）合并为一个单位（政府与企业同体），目的是为了利用监督站的政府公共权力来垄断建筑检测市场，机构设置严重违法。长期以来，该市质监站和该市建筑工程质量检测中心合并，内设检测机构，进行经营性活动。该市质监站的每一个质监员都要把个人所负责的片区的建筑工地的检测业务指定到质监站去进行检测，把这个作为每个质监员的日常考核任务来处理。几乎每个质监员都公开在建筑施工单位叫嚣：如果送到其他地方检测，会有麻烦的。而按照其要求送交检测的，则不论节能情况如何都予以通过。

【案件评析】

我国节约能源法第三十五条规定："建筑工程的建设、设计、施工和监理单位应当遵守建筑节能标准。不符合建筑节能标准的建筑工程，建设主管部门不得批准开工建设；已经开工建设的，应当责令停止施工、限期改正；已经建成的，不得销售或者使用。建设主管部门应当加强对在建建筑工程执行建筑节能标准情况的监督检查。"本案中,某市建委及其下属质监站的行为显然违反了该条的规定,没有很好地遵守建筑节能标准。对于不符合建筑节能标准的建筑工程,该市建委没有责令停止施工、限期改正,也没有真正履行好建筑节能标准情况监督检查的职责。

☆ 《中华人民共和国可再生能源法》重点知识解读

一、立法背景

能源是国民经济发展的重要基础,是人类生产和生活必需的基本物质保障。随着近年来我国可再生能源产业快速发展,可再生能源法实施中存在的一些问题逐步暴露出来,可再生能源开发利用规划及其实施中的一些问题也逐步暴露出来,如规划缺乏足够的资源评价基础,规划目标缺乏科学预见性,国家和地方规划间缺乏相互衔接,使可再生能源的发电规划同电网规划不同步、不协调的问题日益突出。

为了有效解决可再生能源法实施中存在的突出问题,在对法律实施中存在的主要问题进行了归纳梳理,对代表议案和代表建议所提出立法建议的必要性和可行性进行了分析后,第十届全国人民代表大会常务委员会第十四次会议于 2005 年 2 月 28 日通过《中华人民共和国可再生能源法》,该法自 2006 年 1 月 1 日起施行。2009 年 12 月 26 日全国人民代表大会常务委员会对可再生能源法进行了修订。

本法对促进可再生能源的开发利用，增加能源供应，改善能源结构，保障能源安全，保护环境，实现经济社会的可持续发展具有重大意义。

二、主要内容

《中华人民共和国可再生能源法》共 8 章 33 条，主要包括资源调查与发展规划、产业指导与技术支持、推广与应用、价格管理与费用分摊、经济激励与监督措施五个方面的内容。

(一) 资源调查与发展规划

可再生能源的资源调查机关是国务院能源主管部门；可再生能源的发展规划制定部门是国务院能源主管部门和国务院有关部门。

规划编制应当坚持因地制宜、统筹兼顾、合理布局、有序发展的原则。规划内容应包括发展目标、主要任务、区域布局、重点项目、实施进度、服务体系和保障措施等。

(二) 产业指导与技术支持

国务院能源主管部门应该制定可再生能源的产业指导目录；国务院标准化行政主管部门应制定和公布可再生能源的技术标准。

(三) 推广与应用

可再生能源的推广和应用表现在以下方面：可再生能源的并网发电、开发利用生物质燃料、安装使用太阳能系列系统、开发利用农村地区的可再生能源等。

对可再生能源发电实施全额保障性收购制度，是强化有关电网企业收购可再生能源的责任和义务，是培育可再生能源市场和产业的重要手段。现行可再生能源法规定了全额收购制度,主要是通过在电网覆盖范围内发电企业与电网企业履行并网协议来解决。

(四) 价格管理与费用分摊

通过上述分析可知,可再生能源的推广和应用必须承担一定的费用,那么价格管理和费用分摊就显得尤为重要。合理价格管理和费用分摊,有利于保障可再生能源的继续推广和应用,真正落实好可再生能源的合理使用。

(五) 经济激励与监督措施

关于经济激励,这是由国家财政设立可再生能源发展专项资金来实现的;而本法的监督措施主要针对电力企业,由电力监管机构进行检查和监督。

建立可再生能源发展专项资金,是政府重要的经济调控手段,也是国际上很多国家推进可再生能源持续快速发展所采用的有效办法。

三、2009年修法亮点

随着中国可再生能源产业,特别是风电和太阳能产业的崛起,一些制约可再生能源产业持续稳步发展的因素逐步显现和积累起来,2005年的可再生能源法已经不能适应新的发展要求。当原有的法律仍在起着重要作用,但已有重大缺陷时,就应该及时地进行修改。为了适应我国可再生能源发展的新形势,进一步消除可再生能源发展的障碍,促进可再生能源可持续发展,2009年12月26日,第十一届全国人民代表大会常务委员会第十二次会议表决通过了《关于修改〈中华人民共和国可再生能源法〉的决定》。这次修订使可再生能源法更为科学合理,可操作性明显增强。其亮点主要表现在以下方面:

亮点一：可再生能源发电将实行全额保障性收购制度。

全额保障性收购制度有助于强化有关电网企业收购可再生能源的责任和义务，这是此次法律修改最大的亮点。该制度的实施有利于解除新能源并网产生的矛盾，有利于新能源持续发展。随着电网企业与可再生能源并网发电企业责任和义务的进一步落实，今后可再生能源并网国家标准的制定、价格机制的进一步理顺等工作也将陆续开展，很有可能引起整个可再生能源产业的新一轮改革和快速发展。

亮点二：各类可再生能源开发利用国家将统筹规划。

修改后的可再生能源法增加了对各类可再生能源的开发利用作出统筹规划的规定。确立统筹规划，有利于用更科学的态度切实做好发展规划，地方政府在规划可再生能源产业的发展方面也会更理性，电网企业可以按照规划做好准备，提高其安全稳定运行的管理能力和水平，从而对可再生能源产业重复建设和产能过剩等问题起到引导和抑制作用。

亮点三：国家财政将设立政府基金性质的可再生能源发展基金。

修改后的可再生能源法规定，国家财政设立可再生能源发展基金。基金的资金来源包括国家财政年度安排的专项资金和依法征收的可再生能源电价附加收入等。基金的使用范围增加了电网企业为收购可再生能源电量而支付的合理的接网费和其他相关费用，以及电网企业不能通过销售电价回收的相关费用。此外，还规定可再生能源发展基金的管理办法由国务院财政部门会同国务院能源、价格等有关主管部门制定。

四、典型案例

日前,社会上反映出两种现象。一是:我国既是粮食生产大国,也是生物质能源材料的生产大国。每年生产5亿多吨粮食,产生7亿多吨的秸秆。但只有1/3的秸秆被粗放式利用:用于烧火做饭、取暖、饲料等;其他5亿多吨的秸秆被白白浪费。

另一种是:山东单县建成的2.5亿千瓦生物质能发电厂的经济、社会效益十分可观。工程使当地农民每年增收9000万元,产生的6000多吨草木灰能作为优良钾肥还田,发电厂的余热用来给城市居民供暖。减排的二氧化碳指标拿到国际市场上出售,每年还有120万欧元的收入。针对以上两种不同的现象,应该如何分析?

【案件评析】

我国可再生能源法第二条规定,秸秆被粗放式用作烧火做饭的,不算是可再生能源。也就是说,如果秸秆被用作钾肥还田,就属于可再生能源法的调整范围。本案中,我国每年5亿多吨的秸秆被白白浪费掉,其实是与该法的精神相悖的,我们应该了解该法的相关知识,将秸秆当作可再生能源真正利用起来。该法第十六条也规定,国家鼓励清洁、高效地开发利用生物质燃料,鼓励发展能源作物。山东单县利用余热供暖,将草木灰作为优良钾肥还田,实际上就是在发展能源作物,符合该法的精神,应大力提倡。

☆《中华人民共和国石油天然气管道保护法》重点知识解读

一、立法背景

随着城乡建设的发展,大量以前远离居住区的管道逐渐被各种建筑物包围,管道的建设和城镇建设的矛盾越来越突出,同时外界对管道的破坏,包括打孔盗油等破坏管道行为屡禁不止,有的地方问题比较突出,所以需要通过立法实行更加严格的保护。第十一届全国人民代表大会常务委员会第十五次会于 2010 年 6 月 25 日通过《中华人民共和国石油天然气管道保护法》。该法的制定主要是为了保护石油、天然气管道,保障石油、天然气输送安全,维护国家能源安全和公共安全。

二、主要内容

《中华人民共和国石油天然气管道保护法》共 6 章 61 条,主要包括管道规划与建设、管道运行中的保护、管道建设工程与其他建设工程相遇关系的处理三个方面的内容。

(一)管道规划与建设

石油天然气管道的规划与建设,是有严格要求的,必须遵循一定的标准,并且制定规划时应该审时度势、实事求是。管道规划的机构是国务院能源主管部门。

(二)管道运行中的保护

我国管道保护的管理体制是四级管理方式:

第一级是国务院能源主管部门，主管全国石油天然气管道工作。

第二级是管道经过地区的省、自治区、直辖市人民政府的能源主管部门，负责本行政区域内的管道保护工作。

第三级是县一级。

第四级是管道企业。

在管道的运行过程中，与其直接相关的主体应该是管道企业。管道企业在管道的运行中，必须加强对管道的保护和管理，防止意外事故的发生。强调管道企业是维护管道安全的主要责任人，避免了责任推诿等现象，从源头上保证管道安全。管道的安全保护设施应当与管道主体工程同时设计、同时施工、同时投入使用。

（三）管道建设工程与其他建设工程相遇关系的处理

管道建设工程与其他建设工程的相遇关系，是指这两个工程在建设的过程中由于施工时间或者施工地点相冲突时，应该先解决哪一个，后解决哪一个的问题。本法规定，当两者发生冲突时，应该参照法律作出相关的解释。

石油天然气管道泄漏的石油和因管道抢修排放的石油造成环境污染的，管道企业应当及时治理。因第三人的行为致使管道泄漏造成环境污染的，管道企业有权向第三人追偿治理费用。

三、典型案例

2003年3月11日下午3时许，某地质队在位于绵阳市涪城区龙门镇清霞村2组进行成绵乐铁路客运专线涪江3号特大桥地质勘测钻探时，将埋于地下1.8米深、直径450毫米的兰成渝输油管道钻破，造成柴油泄漏。现场指挥员立即组织人员对事发点周围500米实施警戒，并对周边群众进行疏散，对泄漏出的柴油实施堵截。当地政府、公安、安监、环保等相关部门相继到达现场。现场立即成立了抢险指挥部。兰成渝输油管线工作人员和中国石油绵阳销售分公司相关人员负责抢修。

【案件评析】

我国石油天然气管道保护法第四十条规定："管道泄漏的石油和因管道抢修排放的石油造成环境污染的，管道企业应当及时治理。因第三人的行为致使管道泄漏造成环境污染的，管道企业有权向第三人追偿治理费用。环境污染损害的赔偿责任，适用《中华人民共和国侵权责任法》和防治环境污染的法律的有关规定。"我国法律首次明确石油天然气管道泄漏的石油和因管道抢修排放的石油造成环境污染的，管道企业应当及时治理。上述案例是典型的第三方破坏造成的事故。中国石油从自身安全生产和社会责任出发，动员了大量人力、物力，最终圆满完成任务。按照法律规定，因该地质队的行为致使管道泄漏造成环境污染的，管道企业有权向其追偿治理费用。

第六节 公路、民用航空、邮政法概述

一、公路法概述

公路是指连接城市之间、城乡之间、乡村与乡村之间和工矿基地之间按照国家技术标准修建的，由公路主管部门验收认可的道路，包括高速公路、一级公路、二级公路、三级公路、四级公路，但不包括田间或农村自然形成的小道。公路法是为了加强公路的建设和管理，

促进公路事业的发展,适应社会主义现代化建设和人民生活的需要而制定的相关法律法规的总和。

(一) 我国公路概况

公路是国民经济重要的基础设施。与航空、铁路和水路等其他主要运输方式相比,公路运输能够直接提供"门到门"的运输服务,因而显得更为方便,在各种运输方式中始终占有不可替代的重要位置。可以说,经济的发展,离不开公路的发展。发展公路运输的首要前提是要大力加强公路建设。

(二) 我国的公路管理

我国对已建成公路的管理,主要是两个方面:一是对公路的养护管理,保持公路处于良好的技术状态;二是对公路的保护,即公路的路政管理,防止公路及公路附属设施受到人为的破坏和损坏,保障公路的安全与畅通。公路是供公众使用的公益性基础设施,保护公路也就是保护社会公众的利益。国家作为社会公共事务的管理者,理当将保护公路作为自己的当然职责,我国的公路法也不例外。

(三) 公路法相关法律法规

为了加强公路的建设和管理,促进公路事业的发展,适应社会主义现代化建设和人民生活的需要,我国制定了有关公路管理方面的法律法规,主要有:

1. 《中华人民共和国公路法》;
2. 《城市道路管理条例》;
3. 《中华人民共和国道路运输条例》;
4. 《收费公路管理条例》;

5.《路政管理规定》;

6.《道路旅客运输及客运站管理规定》;

7.《农村公路建设管理办法》。

二、民用航空法概述

(一) 航空法特征

航空法是规定领空主权、管理空中航行和民用航空活动的法律规范的总称,是调整民用航空活动及其相关领域中产生的社会关系的法律。航空法具有以下特征:

1．国际性

空气空间的立体存在性,无有形边界,无海洋与高山、河流阻隔,这种航空的特殊性决定了航空法的国际性。欧洲中小国家林立,航空被当成国际间最有效的交通工具,欧洲学者认为航空法就是国际航空法。航空活动的国际性要求建立口岸、海关制度,也使它成为国际法的缩影。

2．独立性

创制出国际法与国内法所没有的新的规则:航空登记国管辖权、降落地国管辖权、罪犯发现地国的准普遍管辖权。这些都推动了国际法特别是国际刑法的发展。

3．兼具公法与私法

航空法涉及国家主权、领土、国籍、国家关系等公法内容,也涉及财产权利、合同法、侵权行为法等私法内容。

(二) 国际民用航空法的相关内容

航空法涉及的问题范围非常广泛。有调整国与国之间航空安全与利益关系的,如《芝加哥公约》;有规范国际航空运输承运人责任等问题的统一规则的,如《华沙公约》、1999年《蒙特利尔公约》;有调整民用航空器权利问题的,如《日内瓦公约》;有调整航空器对地(水)面第三人损害赔偿问题的,如《罗马公约》;还有调整国际航空犯罪问题的,如《东京公约》、《海牙公约》等。此外,航空法还涉及航空人员的资格、航空器的国籍管理、机场的使用等问题。这些问题的解决,对全球国际航空运输业的发展起到了巨大的促进和保障作用,使得全球的航空业能够在公平、健康、有序的基础上快速发展。

(三)我国民用航空相关法律法规

为了维护国家的领空主权和民用航空权利,保障民用航空活动安全和有秩序地进行,保护民用航空活动当事人各方的合法权益,促进民用航空事业的发展,我国制定了相关航空方面的法律法规,主要有:

1.《中华人民共和国民用航空法》;
2.《中华人民共和国民用航空安全保卫条例》;
3.《中华人民共和国民用航空器权利登记条例》;
4.《中华人民共和国民用航空器国籍登记条例》;
5.《通用航空飞行管制条例》。

三、邮政法概述

为了保障邮政普遍服务,加强对邮政市场的监督管理,维护邮政通信与信息安全,保护通信自由和通信秘密,保护用户合法权益,促进邮政业健康发展,适应经济社会发展和人民生活需要,我国制定了一系列关于邮政的法律法规。

(一)邮政在国民经济和社会发展中的地位和作用

1. 邮政担负着传递国家政令、公文和沟通各级党政军机关之间联系的重任。
2. 邮政是市场经济信息流通的大动脉。
3. 邮政是市场商品流通的重要通道。
4. 邮政是市场货币流通的重要渠道。
5. 邮政是中国经济与世界经济联系的桥梁。
6. 邮政是人们沟通信息、联络感情最普遍使用的一种通信方式。

(二)邮政的法律性质

《中华人民共和国邮政法》是根据宪法制定的用以调整邮政部门与用户之间以及邮政部门同其他有关方面之间,在邮政事务中所发生的关系的法律规范的总称。《中华人民共和国邮政法》的性质是由邮政机构的性质所决定的。

(三)邮政的立法目的

1. 保障邮政普遍服务;
2. 加强邮政市场监督管理;
3. 维护邮政通信与信息安全;
4. 保护通信自由和通信秘密;
5. 保护用户的合法权益,促进邮政业发展。

(四)邮政法律体系

邮政法律是有关邮政通信活动的法律、法规、规章等的总称,是国家邮政部门据以组织管理和经营邮政事业、用户据以使用邮政业务以及有关方面据以调整邮政企业与社会关系的规范性文件。邮政法、邮政法实施细则和邮政业务规章是邮政法律体系的重要组成部分。

我国邮政法律体系的主要内容有：

1. 明确国务院邮政主管部门所属的邮政企业是全民所有制的经营邮政业务的公用企业。

2. 严格规定通信自由和通信秘密受法律保护。

3. 国务院规定范围内的信件寄递业务由邮政企业专营。

4. 邮政普遍服务业务资费、邮政企业专营业务资费、机要通信资费及国家规定的报刊发行资费实行政府定价，资费标准由国务院价格主管部门会同国务院财政部门、国务院邮政管理部门制定。其他业务资费实行市场调节价，由邮政企业自主确定。

5. 邮资凭证由国务院邮政主管部门发行。

6. 铁路、公路、水运、航空等运输单位均负有载运邮件的责任，保证邮件优先运出，并在运费上予以优惠。

7. 带有邮政专用标志的邮政车船和邮政工作人员进出港口、通过渡口时，应当优先放行。

8. 对于给据邮政丢失、损毁、内件短少，依照规定给予赔偿或采取补救措施。

9. 对违反邮政法律法规的行为规定处罚措施。

10. 其他有关国内、国际及港澳台邮政业务的处理规定。

☆《中华人民共和国公路法》重点知识解读

一、立法背景

公路是为国民经济、社会发展和人民生活提供服务的重要基础设施,是现代交通的重要组成部分。公路建设现代化的程度和水平,是衡量一个国家或者一个地区经济实力及现代化水平的重要标志。公路法针对公路建设中存在的种种问题作出相应规范,以达到保护公路投资者的合法权益,加快公路建设步伐,协调公路建设中的多种矛盾,保证公路建设顺利有序进行的目的。

1997 年 7 月 3 日,第八届全国人民代表大会常务委员会第二十六次会议审议通过了《中华人民共和国公路法》。1999 年 10 月 31 日,第九届全国人民代表大会常务委员会第十二次会议对公路法进行了第一次修正;2004 年 8 月 28 日,第十届全国人民代表大会常务委员会第十一次会议对公路法进行了第二次修正;2009 年 8 月 27 日,第十一届全国人民代表大会常务委员会第十次会议对公路法进行了修订。

公路法对加强公路的建设和管理,促进公路事业的发展,适应社会主义现代化建设和人民生活的需要具有重大意义。

二、主要内容

《中华人民共和国公路法》共 9 章 87 条,主要包括公路规划、公路建设、公路养护、路政管理、收费公路、监督检查六个方面的内容。

(一) 公路规划

科学合理地编制和实施公路规划,是加快发展公路事业的基础和前提,对社会的发展、经济的增长、国防的加强、人民生活水平的提高起着基础性作用。本法规定,公路规划应当根据国民经济和社会发展以及国防建设的需要编制,与城市建设发展规划和其他方式的交通运输发展规划相协调。公路规划主要分为两个方面:国道、省道、县道、乡道规划和专用公路规划。本法对编制公路规划的根据和原则、编制公路规划与城市建设发展规划和其他交通运输方式发展规划之间的关系、编制公路规划和批准公路规划的权限分工、不同等级公路规划之间的衔接、专用公路规划与相关公路规划之间的协调、公路规划的调整和修改等方面作出了明确规定,并对公路线路的命名和编号、防止公路街道化和保证公路畅通以及专用公路主要用于社会公共运输时改划为省道、县道或者乡道等方面进行了规范。

(二) 公路建设

公路建设的主管部门是县级以上人民政府交通主管部门。本法还对公路建设有关方面的内容作了详细的规定,例如公路建设的资金、项目、单位等。

本法规定了县级以上人民政府交通主管部门在公路建设中的职责;公路建设的资金来源;公路建设应当遵循的程序、规定和制度;公路工程技术和质量标准;对公路建设单位选择公路勘查设计、施工单位和工程监理单位的要求;公路建设与使用土地、环境保护、文物古迹保护、水土保持、国防交通的关系;地方各级人民政府对公路建设依法使用土地和搬迁居民、确定公路用地时的职责;公路建设过程中处理相邻妨碍关系的原则;改建公路时施工单位的职责;公路建设项目和公路修复项目竣工验收的规定以及对建成公路设置标志、标线的要求。

(三) 公路养护

公路养护,就是为保证公路正常使用而进行的经常性保养、维修,预防和修复灾害性破坏,以及为提高公路使用质量和服务水平而进行的小修保养、中修、大修、改善或改建工作。

本法不仅对公路管理机构在公路养护中的责任、各级人民政府在公路养护中的责任作出了具体规定和要求,而且对公路养护质量、养护经费、义务工、养护人员和车辆、绿化、水土保持及因自然灾害致使国、省干线公路中断等特殊情况的处置均作出了规定。

本法对公路养护的责任机关和资金作了特别规定。公路养护的责任机关是公路养护管理机构,公路养护的资金来源于国家征税。

(四) 路政管理

路政管理是建立在公路保护的基础之上,是对公路保护的进一步完善和探索。本法对路政管理的机构作了说明,并主要列举了路政管理的鼓励性和禁止性规定。

本法在路政管理方面主要规定了以下内容:各级地方人民政府和县级以上地方人民政府交通主管部门在路政管理方面的职责;占用、挖掘公路或使公路改线的管理制度;跨越、穿越公路修建设施或在公路用地范围内修筑设施的管理制度;防止损坏、污染公路或影响公路畅通的一般规定;对大中型公路桥梁、公路隧道、公路渡口的安全保护制度;特殊车辆上路行驶的管理制度;车辆轴载质量标准化制度;超限车辆上路行驶的管理制度;禁止在公路上进行批量试车的制度;

公路附属设施的保护制度；公路路产损坏事故报告与调查制度；公路标志与其他标志的设置管理制度；公路平面交叉道口建设审批制度；建筑控制区制度；等等。

（五）收费公路

为加强对公路的保护和保障公路养护资金的到位，国家对一些主要且车流量较大公路设立了收费点。

国家对收费公路实行的基本方针是：允许依法设立收费公路，同时对收费公路的数量进行控制。

可以收取车辆通行费的公路必须具备以下两个条件：

1．符合国务院交通主管部门规定的技术等级和规模。
2．符合法律规定情形的公路。

本法还对如何确定收费公路收费期限进行了原则规定。

（六）监督检查

公路监督检查的机关是交通主管部门和公路管理机构。本法明确了监督检查双方的责任，交通主管部门和公路管理机构的检查人员应该积极履行自己的职责，在法律规定的权力范围内进行监督检查；公路经营者、使用者和其他有关单位、个人应该自觉提供监督检查要求的材料并为监督检查提供便利。

本法还规定了交通主管部门、公路管理机构进行监督检查的职权、内容和范围；规定了监督检查人员应当具备的基本素质及其行为规范；设定了被检查对象及其他相关单位和个人对监督检查行为不得阻挠并积极配合的义务；规范了公路监督检查专用车辆应当设置统一的标志和示警灯。

三、典型案例

某施工公路上有一养护作业车辆，设置了作业标志，沿公路反方向进行公路内侧护栏养护。路上有一过往甲车辆由于没有注意到反向行驶的养护作业车辆，致使交通事故发生。车主起诉，要求赔偿事故损失。

本案焦点：公路养护车辆及甲车辆是否违反我国公路法？我国公路法对养护车辆在公路上养护作业有什么要求？

【案件评析】

我国公路法第三十九条规定："为保障公路养护人员的人身安全，公路养护人员进行养护作业时，应当穿着统一的安全标志服；利用车辆进行养护作业时，应当在公路作业车辆上设置明显的作业标志。公路养护车辆进行作业时，在不影响过往车辆通行的前提下，其行驶路线和方向不受公路标志、标线限制；过往车辆对公路养护车辆和人员应当注意避让。公路养护工程施工影响车辆、行人通行时，施工单位应当依照本法第三十二条的规定办理。"因此，本案中养护车辆没有违反公路法规定公路养护车辆进行作业时，在不影响过往车辆通行的前提下，其行驶路线和方向不受公路标志、标线限制，过往车辆对公路养护车辆和人员应当注意避让；甲车辆没有履行注意避让义务，违反了我国公路法的规定。

☆《中华人民共和国港口法》重点知识解读

一、立法背景

港口是国民经济和社会发展的重要基础设施。改革开放以来，我国港口事业取得了长足的发展。在港口事业快速发展的同时，也存在一些亟待解决的问题。如何按照市场经济的要求，改革港口的经营机制，使其为港口经营业务的用户提供公平、良好的服务，是我们面临的重要问题。解决好这些问题，需要综合运用法律的、经济的和必要的行政手段，加强对港口的管理。而法律的手段更具有权威性、强制性和稳定性的特点，是更为重要和有效的手段。为了加强港口管理，维护港口的安全与经营秩序，保护当事人的合法权益，促进港口的建设与发展，第十届全国人民代表大会常务委员会第三次会议于2003年6月28日通过了《中华人民共和国港口法》。

本法制定的目的是为了加强港口管理，维护港口的安全与经营秩序，保护当事人的合法权益，促进港口的建设与发展。

二、主要内容

《中华人民共和国港口法》共6章61条，主要包括港口规划与建设、港口经营、港口安全与监督管理、法律责任四个方面的内容。

（一）港口规划与建设

本法所称港口，是指具有船舶进出、停泊、靠泊，旅客上下，货物装卸、驳运、储存等功能，具有相应的码头设施，由一定范围的水域和陆域组成的区域。为了加强对港口的管理，需要制定相应的规划，而港口规划主要包括两部分：港口布局规划和港口总体规划。港口布局规划是指全国及省级行政区域的港口布点规划，港口总体规划是指一个港口的具体规划。

就两种港口规划之间的关系来说，港口总体规划应当符合港口布局规划。

港口建设应当符合港口规划的规定。

建设港口工程项目，应当依法进行环境影响评价。

（二）港口经营

本法对港口经营前的行政许可作了相关的规定，并明确规定从事港口经营，应当向港口行政管理部门书面申请取得港口经营许可，依法办理工商登记。

港口经营行政许可制度，对港口经营许可、许可的原则和港口经营的范围进行了规范，并规定了许可的条件和申请港口经营许可的程序。

（三）港口安全与监督管理

港口安全的责任双方主体是港口行政管理部门和港口经营人。二者都必须按照本法的相关规定依法履行自身的职责和义务，保证港口作业安全、有序地进行。

关于港口安全与监督管理，本法的主要规定有：港口经营人负有安全生产义务；港口行政管理部门应当建立健全港口重大生产安全事故的应急救援体系；船舶进出港口报告审批的规定；危险货物港口作业的规定等。

(四) 法律责任

该法第五章内容有关于违反港口规划建设港口设施,未经依法批准使用港口岸线,以及批准不符合港口规划的建设项目的行为的法律责任的规定;关于违法建设港口危险货物作业场所或者实施卫生除害处理的专用场所的法律责任的规定;关于码头等港口设施未经验收合格就投入使用的违法行为应当承担的法律责任的规定等。

三、典型案例

2010年3月23日晚8时左右,王某雇请船员林某驾驶其一艘吊煤船驶往某江口吊煤,当船到达该江口码头时,叶某与其儿子小叶上船对林某说,该船撞损了其与黄某的珍珠养殖排,要求赔偿。之后,林某将情况电话告知了王某。6月13日下午,黄某等人将王某的吊煤船扣留于该江口码头旁边。6月20日,黄某到该江口所在渔政站报案请求处理。事后经颁发"防起821"号船舶所有权证书的防城港市海事局勘察,王某所使用的船舶与"防起821"号船舶存在诸多差异,并不相符。目前,王某已向当地人民法院提起了诉讼。那么,王某的经济损失应否得到赔偿?

【案件评析】

本案为船舶侵权损害赔偿纠纷,王某以黄某非法扣留其经营的船舶为由,要求赔偿经营损失及船舶物品损失。我国港口法第二十二条规定:"从事港口经营,应当向港口行政管理部门书面申请取得港口经营许可,并依法办理工商登记。……港口经营包括码头和其他港口设施的经营,港口旅客运输服务经营,在港区内从事货物的装卸、驳运、仓储的经营和港口拖轮经营等。"王某诉请的经营收益得到法律保护的前提为其使用的吊机船之所有权已经合法登记且王某已取得港口业务经营许可、办理了工商登记。结合案情，我们发现，王某所使用的船舶与"防起821"号船舶存在诸多差异，并不相符。但王某认为差异的存在是因船舶经过改装，但却未提交相应的证据予以证实。他亦未提交证据证实其取得了港口经营许可并办理了工商登记，虽然其曾向相关部门交纳了航务管理费、航道费等费用，但交纳航务管理费及航道费并非其具有港口业务经营资质的依据，王某以交纳费用为由认为其为合法经营于法无据。故王某未证明使用船舶之所有权已经合法登记且其已取得合法经营许可资格，其诉请黄某赔偿经营损失的主张无法律依据，法院应该不予支持。

☆《中华人民共和国民用航空法》重点知识解读

一、立法背景

民用航空法是规范民用航空的行政管理和民商关系两个方面内容的重要法律。1995年10月30日，第八届全国人民代表大会常务委员会第十六次会议审议通过了《中华人民共和国民用航空法》。这是建国以来第一部规范民用航空活动的法律，是我国民用航空发展史上的一件大事。该法具有以下三个特点：

一是为适应社会主义市场经济体制的需要，借鉴了国际航空立法经验，坚持纵向的行政管理法律规范与横向的民商法律规范并重，以有效地保护与民用航空运输有关各方当事人的合法权益。

二是根据民用航空活动国际性强的特点，从我国改革开放的实际需要出发，结合现有国际航空公约的规定，使我国的民用航空法律制度尽可能地与国际通行的规则接轨。

三是根据航空运输工具速度快、风险大和技术要求高的特点，将安全管理置于民用航空行政管理的首位，强化安全管理规范，确保民用航空活动安全和有秩序地进行。

民用航空法的颁布实施，对维护国家的领空主权和民用航空权利，保障民用航空活动安全和有秩序地进行，保护民用航空活动当事人各方的合法权益，促进民用航空事业的发展，提供了强有力的法律保障。

二、主要内容

《中华人民共和国民用航空法》共16章213条，主要包括民用航空器国籍、民用航空器权利、民用航空器适航管理、航空人员、民用机场、空中航行、公共航空运输企业、公共航空运输、通用航空、搜寻援救和事故调查、对地面第三人损害的赔偿责任、对外国民用航空器的特别规定、涉外关系的法律适用等方面的内容。

（一）民用航空器国籍

经中华人民共和国国务院民用航空主管部门依法进行国籍登记的民用航空器，具有中华人民共和国国籍，由国务院民用航空主管部门发给国籍登记证书。依法取得中华人民共和国国籍的民用航空器，应当标明规定的国籍标志和登记标志。

（二）民用航空器权利

本法规定的对民用航空器的权利，包括对民用航空器构架、发动机、螺旋桨、无线电设备和其他一切为了在民用航空器上使用的，无论安装于其上或者暂时拆离的物品的权利。民用航空器的权利包括：所有权、抵押权、优先权及租赁。

（三）民用航空器适航管理

本法规定了民用航空器及其发动机、螺旋桨和民用航空器上设备行使各项权利时，应该向相应的主管部门进行申请，得到允许并拿到相关证件后才可以进行。

（四）航空人员

本法所称航空人员，是指从事民用航空活动的空勤人员和地面人员。空勤人员，包括驾驶员、领航员、飞行机械人员、飞行通信员、乘务员；地面人员，包括民用航空器维修人员、空中交通管制员、飞行签派员、航空电台通信员。

（五）民用机场

本法所称民用机场，是指专供民用航空器起飞、降落、滑行、停放以及进行其他活动使用的划定区域，包括附属的建筑物、装置和设施。

（六）空中航行

空中航行包括四方面内容：空域管理、飞行管理、飞行保障、飞行必备文件。

（七）公共航空运输企业

公共航空运输企业，是指以营利为目的，使用民用航空器运送旅客、行李、邮件或者货物的企业法人。

（八）公共航空运输

公共航空运输适用于公共航空运输企业使用民用航空器经营的旅客、行李或者货物的运输，多式联运方式运输中的航空运输部分。

（九）通用航空

通用航空，是指使用民用航空器从事公共航空运输以外的民用航空活动，包括从事工业、农业、林业、渔业和建筑业的作业飞行以及医疗卫生、抢险救灾、气象探测、海洋监测、科学实验、教育训练、文化体育等方面的飞行活动。

三、典型案例

吴某乘坐国内一家航空公司班机，由成都飞往香港。飞机在成都机场加油后起飞时，飞机的左翼引擎发生故障起火，包括吴某在内的多名乘客在紧急撤离过程中受伤，被送往某红十字医院救护，经该院拍片诊断吴某为右踝骨骨折。征得这家航空公司同意后，吴某回家治疗。医院诊断为：右侧内、外、后踝骨折伴粉碎性移位，右踝关节活动受限，丧失功能50%以上，长距离行走受限，综合评定为8级伤残。吴某受伤后，该航空公司致函吴某，表示对事故负有责任，并承担了吴某两次手术医疗费用8.674万元人民币。但是，其他损失的赔偿仍然没有解决。在多次与该公司就赔偿事宜交涉无果的情况下，眼看诉讼时效期限将过，无奈之下，吴某委托律师将该公司告上某区法院，要求其承担赔偿责任。吴某诉称：她在乘坐该公司的班机过程中受伤，虽经手术治疗，现仍遗留功能性障碍，必须进行相应的功能锻炼及物理治疗，待适当时机再行手术，效果尚难肯定。致她伤残且经济损失惨重，完全是该航空公司的责任。

【案件评析】

我国民用航空法第一百二十四条规定:"因发生在民用航空器上或者在旅客上、下民用航空器过程中的事件,造成旅客人身伤亡的,承运人应当承担责任;但是,旅客的人身伤亡完全是由于旅客本人的健康状况造成的,承运人不承担责任。"本案中,吴某所遭受的人身伤害是由于飞机发生故障造成的,且发生在航空器上,故该航空公司应该承担对吴某的人身伤害赔偿责任。虽然该航空公司承担了吴某两次的手术医疗费用,但是由于吴某遭受的人身伤害十分严重,需要后续治疗,并且可能落下后遗症。因此,吴某可以根据最高人民法院《关于审理人身损害赔偿案件适用法律若干问题的解释》第十七条的规定,向该航空公司追加相应的赔偿。

☆《中华人民共和国邮政法》重点知识解读

一、立法背景

针对社会活动日益复杂,经营信件以及包裹、印刷品等物品快递业务的主体多元化,安全监管也愈加困难,甚至出现法律空白的实际情况,第六届全国人民代表大会常务委员会第十八次会议于1986年12月2日通过了《中华人民共和国邮政法》。

随着我国社会主义市场经济的发展,特别是我国加入世界贸易组织以来,邮政市场竞争日益加剧,邮政业发展和政府监管面临新的形势,传统的政企合一的邮政管理体制已不能适应市场经济需要。2009年4月24日,第十一届全国人民代表大会常务委员会第八次会议对邮政法进行了修订完善。

邮政法的重新修订和颁布实施,对于保障邮政普遍服务,加强邮政市场监督管理,维护邮政通信与信息安全,保护通信自由与通信秘密,保护用户合法权益,具有十分重要的意义。

二、主要内容

《中华人民共和国邮政法》共7章87条,主要包括邮政设施、邮政服务、邮政资费、损失赔偿、快递业务、监督检查六个方面的内容。

(一)邮政设施

邮政设施主要有以下几方面的内容:邮政设施的布局、设置、场所地点和处理邮政的场所等。关于邮政设施的保护,明确规定了邮政企业的责任以及其他相关人员的义务。

(二)邮政服务

关于邮政服务,主要包括两方面的内容:邮政企业的义务和应履行的职责、对于单位和个人义务的禁止性规定。

邮政普遍服务是指按照国家规定的业务范围、服务标准和资费标准,为中华人民共和国境内所有用户持续提供的邮政服务。

邮政企业应当加强服务质量管理,为用户提供迅速、准确、安全、方便的服务,从邮政企业的营业时间、投递邮件的频次以及寄递邮件的时限和服务规范等方面,对邮政普遍服务的质量标准作出了规定。

(三) 邮政资费

邮政资费包括：邮政普遍服务业务资费、邮政企业专营业务资费、机要通信资费以及国家规定报刊的发行资费。

邮政业务资费分为政府定价和市场定价两种情况，即：邮政普遍服务业务资费、邮政企业专营业务资费、机要通信资费以及国家规定报刊的发行资费实行政府定价，资费标准由国务院价格主管部门会同国务院财政部门、国务院邮政管理部门制定；邮政企业的其他业务资费实行市场调节价，资费标准由邮政企业自主确定。通过立法确立邮政普遍服务业务资费的政府定价制度，可以保障广大群众享受到资费合理的邮政普遍服务。

(四) 损失赔偿

关于损失赔偿，邮政企业可以参考本法的相关规定予以确认。需要注意的是，并不是所有有关邮政业务造成的损失，邮政企业都要承担损害赔偿责任。

邮政法确立了损失赔偿的区别适用规则：邮政普遍服务业务范围内的邮件和汇款的损失赔偿，适用邮政法的规定；邮政普遍服务业务范围以外的邮件以及快件的损失赔偿，适用有关民事法律的规定。对邮政普遍服务业务范围内的给据邮件损失赔偿实行限制赔偿责任。

(五) 快递业务

经营快递业务，必须取得快递经营许可证，而且需要具备相应的条件。本法规定了许可申请和审批的程序；对快递业务经营许可的申请和审批程序也作出了规定；对有关国际货代企业作了衔接性规定。

（六）监督检查

本法规定了邮政管理部门及其工作人员的权利和义务，同时对被管理单位和个人作出了相应的规定，还规定了邮政管理部门依法履行监督管理职责，可以采取的监督检查措施。监督检查是行政执法的重要措施，具有预防和及时纠正相对人违法行为、反馈法律实施效果和实现行政管理目标的重要作用。

三、2009年修法亮点

为进一步落实邮政普遍服务，强化经营快递业务和寄递渠道安全监管，从而保护用户合法权益以及促进邮政业健康发展，2009年4月24日，我国对邮政法进行了修订。主要表现在以下几个方面：

亮点一：强化了邮政普遍服务保障。

邮政普遍服务是指按照国家规定的业务范围、服务标准和资费标准，为中华人民共和国境内所有用户持续提供的邮政服务。新修订的邮政法对此单列一章进行了详细的规定。

亮点二：强化了经营快递业务管理。

针对快递业务发展中存在的服务质量不高、缺乏准入门槛、一些犯罪分子利用快递渠道从事违法犯罪活动，危害国家安全和公共安全等突出问题，建立了快递业务经营许可制度，并对快递企业人员素质、法律责任等提出专门要求。

亮点三：强化了寄递渠道安全监管。

针对当前经营信件以及包裹、印刷品等物品快递业务的主体多元化，安全监管难度加大，现有安全监管机制覆盖不到位甚至出现空白的实际情况，新修订邮政法从交寄收寄邮件和快件、验视制度、维护信息安全、设置邮件和快件处理场所、建立协调机制五个方面进行了规定。

亮点四：强化了对用户合法权益的保护。

在保护用户赔偿权利方面，对损失赔偿问题作了专章规定，对不同种类的邮件，分别规定了不同的赔偿原则。特别需要强调的是，邮政法对于非保价给据邮件和挂号信的损失赔偿，在明确限额赔偿的同时，还在保护用户知情权方面作出了明确规定。

四、典型案例

小李是某电脑公司的一名职工。最近她发现，在下班时间，她在单位的电脑被人使用过。而且她还发现她的outlook中的邮件也被人看过，这令她非常气愤。但是，由于单位没有监控，也无法找到这个人，因此她也很无奈。那么，像这种行为，如果给小李带来伤害，会承担什么责任呢？

【案件评析】

如果小李在信件里记载了自己的隐私，当然侵犯了小李的隐私权，但准确地说是侵犯了小李的通信自由和通信秘密。我国宪法第四十条规定："中华人民共和国公民的通信自由和通信秘密受法律的保护。除因国家安全或者追查刑事犯罪的需要，由公安机关或者检察机关依照法律规定的程序对通信进行检查外，任何组织或者个人不得以任何理由侵犯公民的通信自由和通信秘密。"同时，我国邮政法对保护通信自由和通信秘密作了更加具体的规定。我国邮政法第四条除重申宪法第四十条的规定之外，还将保护的主体扩大为所有邮政用户。因此，我国邮政法及相关法律对检查、扣留、没收邮件和查阅邮政业务档案作了严格的限制,只有司法机关和其他法律规定的行政执法机关依照法定事由和程序可以实施。像小李述说的情况,如果严重的话,行为人是要承担行政和刑事责任的。

☆《中华人民共和国海域使用管理法》重点知识解读

一、立法背景

海域使用管理法,是规范在中国内海和领海的水面、水体、海床和底土从事排他性用海活动的综合性法律。

我国是海洋大国,拥有近300万平方公里的管辖海域,蕴藏着丰富的资源,包括生物资源、矿产资源、航运资源、旅游资源等。对于丰富的资源,国家有责任实施管理,对于我国辽阔的海域,需要由国家行使管理职能。国家的丰富海洋资源,使海域使用管理立法成为一种客观要求。另外,海域使用由于缺少规范或者由于规范的不健全、缺乏力度,因而出现若干与之有关的问题,存在一些不利于海域正常使用的现象,形成一些不规范的社会经济关系,造成了不良后果,应当在建立规范和强化规范的过程中解决存在的这些问题,因此制定海域使用管理法成为必要。

第九届全国人民代表大会常务委员会第二十四次会议于2001年10月27日审议通过了《中华人民共和国海域使用管理法》,自2002年1月1日起施行。

本法的制定，对加强海域使用管理，维护国家海域所有权和海域使用权人的合法权益，促进海域的合理开发和可持续利用具有重大意义。

二、主要内容

《中华人民共和国海域使用管理法》共 8 章 54 条，主要包括海洋功能区划、海域使用的申请与审批、海域使用权、海域使用金、监督检查、法律责任六个方面的内容。

（一）海洋功能区划

海洋功能区划是根据海域（在海岸带区域有时还应包括必要的陆域）的地理区位、地理条件、自然资源与环境等自然属性，并适当兼顾海洋开发利用现状和区域经济、社会发展需要而划定、划分的具有特定主导（或优势）功能的区域。海洋功能区划的目的在于揭示各个具体海域的客观自然属性及社会功能价值，适合的开发利用方向，为科学、合理地开发与保护海域及其资源与环境创造可靠的依据。

海洋功能区划可以分为全国海洋功能区划和地方海洋功能区划。本法规定的主要内容有海洋功能区划的内容、性质、特点和用途；海洋功能区划技术；海洋功能区划成果形式；海洋功能区划管理与措施。

（二）海域使用的申请与审批

海域使用分为申请和审批两部分内容，海域使用的申请人是申请海域使用的单位和个人；审批海域使用的机关是县级以上人民政府海洋行政主管部门。

地方行使海域使用审批权限时应当遵循的原则：

1. 设有海洋行政主管部门的县级以上人民政府可以授予相应的海域使用审批权限。

2. 海域使用审批权限的划分应当有利于海域的保护和管理。

3. 管理区域有争议的项目用海，由共同上级人民政府批准，并且不作为海域勘界的依据。

（三）海域使用权

海域使用权的取得方式主要有两种：申请和招标或拍卖。其中分为几个部分：国务院海洋行政主管部门颁发海域使用权证书、地方人民政府颁发海域使用权证书、通过招标或者拍卖的方式取得海域使用权。

本法明确规定，单位和个人使用海域，必须依法取得海域使用权。海域使用权是一种自然资源的使用权，从海域使用权来说，就是单位和个人为了一定的目的使用国家所有的海洋资源，因此使用海域应当先取得海域使用权。同时，国家作为海域的所有者，对海域的使用管理的重要环节就在于对海域使用权的权属管理。

（四）海域使用金

海域使用金的设立，是建立在海域使用权的基础上进行的。本法规定了海域使用金的缴纳以及国家实行的优惠政策，如对于一些用海方式可以实行减缴或免缴政策。

（五）监督检查

本法规定的监督检查，主要是针对海域使用的方式和海域使用金缴纳进行的。同时，还对海域使用管理部门及其监督检查人员的职责进行了说明。

关于海域使用的监督检查，所规定的主要内容有：

1. 明确监督检查的职责；

2. 监督检查时可以采取的措施；

3. 监督检查的规则；

4. 规范执法行为。

(六) 法律责任

海域使用管理法中的各项制度是各用海单位和个人必须依法遵守的，不得违犯，不得干扰破坏这些制度的实施，否则就要被依法追究责任，包括行政责任、民事责任、刑事责任。因此，这部法律对以下几个方面作出了追究法律责任的规定：

1. 对非法占用海域的惩处；
2. 对非法批准使用海域的行为的惩处；
3. 对阻挠、妨害依法使用海域行为的责任追究；
4. 对违法使用海域行为的制裁；
5. 对违反海域使用管理法律规定的惩处。

三、典型案例

2010年10月26日，A市开发区小孤山西海屯的渔民梁某发现某海事局的17号航标漂浮到其养殖区内，将梁某的5台夏夷贝浮伐缠绕在一起，给梁某造成了将近15万元的经济损失。梁某将该海事局起诉到A海事法院，要求其赔偿各项经济损失15万元。

【案件评析】

我国海域使用管理法第二十二条规定："本法施行前，已经由农村集体经济组织或者村民委员会经营、管理的养殖用海，符合海洋功能区划的，经当地县级人民政府核准，可以将海域使用权确定给该农村集体经济组织或者村民委员会，由本集体经济组织的成员承包，用于养殖生产。"也就是说，针对此案能证明养殖合法性的只有村委会。梁某虽然没有海域使用许可证,但村委会已经为其出具了相关证明,证实该片海域村里一直承包给梁某养殖,梁某也按照规定缴纳承包费和相关税费。梁某提供了小孤山村出具的其具体养殖位置的证明,所以梁某的养殖行为是合法的。海事局有义务赔偿梁某的经济损失。

第七节 水利、农林牧渔法概述

一、水利方面的法律法规

水是重要的自然资源。随着人类社会的发展、科学的进步,水的供需矛盾越来越突出,水污染日益严重,洪涝灾害更加频繁。为此,许多国家通过立法加强对水资源的利用和保护。我国为了合理开发、利用、节约和保护水资源,防治水害,实现水资源的可持续利用,适应国民经济和社会发展的需要而制定了相关的法律法规,以规范水资源的利用。

水利方面的法律法规是调整有关水资源开发利用等内容及与水有关事宜的法律法规的总称。主要包括以下法律法规:

1. 《中华人民共和国水土保持法》;
2. 《中华人民共和国水土保持法实施条例》;
3. 《中华人民共和国防洪法》;
4. 《中华人民共和国海域使用管理法》;
5. 《中华人民共和国水法》;
6. 《中华人民共和国防汛条例》;

7.《取水许可和水资源费征收管理条例》。

二、农林牧渔方面的法律法规

(一) 农林牧渔业法律法规的特点

农林牧渔业法律法规的特点主要体现在以下三个方面:

1. 重要性显著

我国是农业大国,农业是国民经济的基础,虽然农业在现代经济中的占有比例与以前相比有所下降,但其重要性却从未被动摇过。而农业法律法规作为国家领导、组织、协调和管理农业和农村经济的重要手段,在保障农业持续、稳定、健康的发展过程中发挥了巨大作用。

2. 覆盖面广

随着现代农业日新月异的发展,农业产业逐渐朝着大农业方向稳步推进,农业的覆盖面也随之扩大,不仅仅局限于农作物的生产,现代农业生产包括从事植物生产的农、林业部及动物生产的渔、牧部门等范围,与此同时相对应的农业法律法规也逐渐完善,到现在为止公布的农、林、牧、渔各项法律法规数量高达百部。

3. 专业性强

农业法律法规是根据农林牧渔的显著特色而衍生。因此无法用其中的任何一部法来完全涵盖它,故农业法律法规规定的内容之细,在同类法律之中还是比较罕见的。

(二) 农业相关法律制度

农业是指国民经济中的一个重要产业部门,是以土地资源为生产对象的部门。它是通过培育动植物生产食品及工业原料的产业。农业执法负责植物检疫、基本农田和蔬菜基地保护、农药检查等方面,涉及的法律法规主要有：

1. 《中华人民共和国农业技术推广法》；
2. 《中华人民共和国农业法》；
3. 《中华人民共和国农业机械化促进法》；
4. 《中华人民共和国种子法》；
5. 《中华人民共和国农产品质量安全法》；
6. 《中华人民共和国植物新品种保护条例》；
7. 《基本农田保护条例》；
8. 《农药管理条例》；
9. 《农业转基因生物安全管理条例》。

（三）林业方面的法律

林业是指保护生态环境、保持生态平衡，培育和保护森林以取得木材和其他林产品，利用林木的自然特性以发挥防护作用的生产部门，是国民经济的重要组成部分之一。

林业执法则涵盖森林植物检疫、木材检查、林政、森林防火、野生动物保护等内容，涉及的相关法律法规主要有：

1. 《中华人民共和国森林法》；
2. 《中华人民共和国森林法实施条例》；
3. 《退耕还林条例》。

（四）畜牧业方面的法律

畜牧业是利用畜禽等已经被人类驯化的动物，或者鹿、麝、狐、貂、水獭、鹌鹑等野生动物的生理机能，通过人工饲养、繁殖，使其将牧草和饲料等植物能转变为动物能，以取得肉、蛋、奶、羊毛、山羊绒、皮张、蚕丝和药材等畜产品的生产部门。畜牧业是人类与自然界进行物质交换的极重要环节,是农业的主要组成部分之一。作为农业的重要组成部分,与种植业并列为农业生产的两大支柱。其相关的法律法规主要有:

1．《中华人民共和国草原法》;

2．《中华人民共和国畜牧法》;

3．《饲料和饲料添加剂管理条例》;

4．《兽药管理条例》。

(五) 渔业方面的法律

渔业是指捕捞、养殖鱼类和其他水生动物及海藻类等水生植物以取得水产品的社会生产部门。渔业执法包括渔船检验、水产品生产安全等方面,涉及的相关法律法规主要有:

1．《中华人民共和国渔业法》;

2．《中华人民共和国渔业船舶检验条例》。

☆《中华人民共和国水法》重点知识解读

一、立法背景

水是重要的自然资源,我国是一个水资源贫乏的国家,只有世界人均占有量的四分之一,全国目前缺水总量约为300亿—400亿立方米。随着人类社会的发展、科学的进步,水的供需矛盾将越来越突出,水污染日益严重,洪涝灾害更加频繁。为此,许多国家通过立法加强对水资源的利用和保护。

随着我国国民经济的发展、城市人口的增长和人民生活水平的提高，水资源的管理已成为国民经济和社会发展的重要问题。所以，制定水法是十分必要和非常迫切的。1988年1月21日，第六届全国人民代表大会常务委员会第二十四次会议审议通过了《中华人民共和国水法》。

水法的颁布实施，对规范水资源的开发利用行为、保护水资源、防治水害、促进水利事业的发展，发挥了积极的作用。但是，随着形势的不断发展，出现了一些新情况和新问题，水法的一些规定已经不能适应实际需要，主要表现在：在水资源开发、利用中重开源、轻节流和保护，重经济效益、轻生态与环境保护；水资源管理制度尚不完善，特别是在节约用水、计划用水和水资源保护方面，缺乏相应的管理制度；水资源管理体制机制尚需进一步完善；水资源有偿使用制度规定得不够明确；对法律责任的规定过于原则等。为了解决上述问题，第九届全国人民代表大会常务委员会第二十九次会议于2002年8月29日对水法进行了修订完善。与原水法相比，新水法在水资源管理体制、水资源权属、水资源规划、水资源节约和保护以及法律责任等方面都有了较大突破。

二、主要内容

《中华人民共和国水法》共8章82条，主要包括水资源规划，水资源开发利用，水资源、水域和水工程的保护，水资源配置和节约使用，水事纠纷处理与执法监督检查，法律责任六个方面的内容。

（一）水资源规划

依本法规定，水资源规划分为流域规划和区域规划。其中，流域规划包括流域综合规划和流域专业规划；区域规划包括区域综合规划和区域专业规划。

开发、利用、节约、保护水资源和防治水害要按照流域、区域统一制定规划，国家制定全国水资源战略规划，并就规划的种类、制定权限与程序、规划的效力与实施等问题以及水文、水资源信息系统建设、水资源调查评价等水资源管理的基础性工作作了具体规定。

（二）水资源开发利用

水资源的开发利用，必须坚持一定的尺度，应当坚持兴利与除害相结合，兼顾上下游、左右岸和有关地区之间的利益，充分发挥水资源的综合效益，并服从防洪的总体安排。

水资源开发利用的基本原则：

一是全面规划、统筹兼顾。水资源的开发利用必须充分发挥水资源的综合效益。

二是以水资源合理配置为基础。遵循全面规划、合理开发、高效利用、优化配置、有效保护、科学管理的原则，以提高水资源利用效率和效益为核心，不断提高水资源的承载能力，促进水资源的可持续利用，统筹协调生活、生产和生态环境用水。

三是以水资源供水安全体系建设为目标。通过建设调蓄工程增强水资源调蓄能力，对天然来水过程进行有效调控，提高供水能力，适应用水部门的需求过程，提高供水保证率。

四是与经济社会的发展相协调。经济社会的发展要考虑水资源的条件，进行科学论证，在水资源不足的地区要对城市规模和建设耗水量大的工业、农业、服务业项目加以限制。

(三) 水资源、水域和水工程的保护

水法第三十一条明确规定了：从事水资源开发、利用、节约、保护和防治水害等水事活动，应当遵守经批准的规划；因违反规划造成江河和湖泊水域使用功能降低、地下水超采、地面沉降、水体污染的，应当承担治理责任。开采矿藏或者建设地下工程，因疏干排水导致地下水水位下降、水源枯竭或者地面塌陷，采矿单位或者建设单位应当采取补救措施；对他人生活和生产造成损失的，依法给予补偿。

(四) 水资源配置和节约使用

为了保障水资源能够被源源不断地使用，保证生产、生活的正常进行，对水资源进行配置和使用就显得非常重要。

本法规定了制定中长期供求规划，水量分配与统一调度，总量控制和定额管理相结合的制度；取水许可制度和有偿使用制度；计量使用、计量收费和超定额累进加价制度等取用水资源和用水管理制度；工业、农业、居民生活的有关节约用水措施和制度；制定供水价格的原则和权限等。

(五) 水事纠纷处理与执法监督检查

本法主要针对水事纠纷处理和执法监督检查两方面进行了规定。水事纠纷的解决机制是：协商、调解、裁决、判决。关于监督检查，县级以上人民政府水行政主管部门和流域管理机构应当对违反本法的行为加强监督检查并依法进行查处。

本法还对不同行政区域间水事纠纷的处理程序，单位之间、个人之间、单位与个人之间水事纠纷的处理程序，有关部门的临时处置措施，水行政主管部门和流域管理机构的监督检查权及水政监督检查人

员的任职要求、有权采取的措施,依法履行监督检查职责,被检查单位和个人应当给予配合以及人民政府和水行政主管部门内部层级监督作了规定。

(六)法律责任

本法主要规定了以下几方面的法律责任:

1. 水政监督检查人员渎职行为的法律责任。
2. 违反水资源开发利用、保护、水资源配置和节约使用规定的法律责任。
3. 破坏、危害水工程的法律责任。

三、典型案例

关门大塘(山坪塘)位于某县甲镇中峰村与某县乙镇凤凰村交界处。该塘始建于1965年,当时属乙镇凤凰村3社所有、管理使用。1976年,为扩大该塘的提灌面积,由中峰村、凤凰村共同出劳出资出地,对关门大塘进行了扩建。扩建后两个村均派人参与了管理。1990年、1996年、2001年,凤凰村以自己的名义,将关门大塘对外进行了承包。2000年,该县人民政府给凤凰村颁发了《小型水利工程使用权证》。后中峰村、凤凰村就关门大塘的权属发生争议。甲镇镇政府向该县县政府上报了要求确认关门大塘产权和管理权的请示,该县分管副县长将该请示批转给县水利农机局,要求其领导及时协调处理好此事,并反馈县府。2003年,县水利农机局以县政府授权其协调处理为由,向甲镇镇政府作出了《关于关门大塘权属纠纷的调查处理意见函》,将关门大塘的所有权确定为乙镇凤凰村所有。中峰村不服,向法院提起行政诉讼,要求撤销该调查处理意见函。

【案件评析】

县水利农机局是否具有对本行政区域内山坪塘权属争议进行处理的职权是本案的关键问题。我国水法第五十六条规定"不同行政区域之间发生水事纠纷的,应当协商处理;协商不成的,由上一级人民政府裁决",该条也规定了水事纠纷应由人民政府处理。中峰村和凤凰村,分属于甲镇和乙镇,属于两个不同的行政区域管辖,它们之间产生的权属纠纷,只能由它们共同的上一级人民政府即县人民政府处理。因此,无论是农田水利用地,还是为分享水利、防治水害等权益产生权属争端,都应由县级以上人民政府处理或裁决。而水利农机局作为人民政府的一个行政职能部门,依照我国水法的规定,它只负责其行政区域内水资源的管理和监督工作,对土地的管理和监督工作,则应由土地行政主管部门负责。该法第五十七条规定"当事人不愿协商或者协商不成的,可以申请县级以上地方人民政府或者其授权的部门调解"。该条文也仅仅是规定对水事纠纷可以申请县级以上地方人民政府或者其授权的部门调解,不包括水利用地。并且也只能是调解,不能作出带有强制性的处理意见。加之本案中,仅有县政府分管领导的批示意见,不能证明县政府已授权水利农机局进行处理。那么,在法律法规无明确规定的情况下,水利农机局以自己的名义对中峰村和凤凰村山坪塘的所有权争议进行处理,显然属于超越职权的行为。

☆《中华人民共和国水土保持法》重点知识解读

一、立法背景

防治水土流失,是改变山区、丘陵区、风沙区面貌,治理江河,减少水、旱、风沙灾害,建立良好的生态环境,发展农业生产的一项根本措施,是国土整治的一项重要内容。许多国家多通过立法手段来保证和促进水土保持工作。我国于1957年发布了《中华人民共和国水土保持暂行纲要》,1982年发布了《水土保持工作条例》。此后,国务院及其有关部门和地方人民政府还制定了许多专门的水土保持规定。这些法律文件,对水土保持任务、措施和组织管理等作了具体规定。

1991年6月29日,第七届全国人民代表大会常务委员会第二十次会议审议通过了《中华人民共和国水土保持法》。2010年12月25日,第十一届全国人民代表大会常务委员会第十八次会议对水土保持法进行了修订完善。

二、主要内容

《中华人民共和国水土保持法》共7章60条,主要包括规划、预防、治理、监测和监督、法律责任五个方面的内容。

(一)规划

规划,应当征求专家和公众的意见。水土保持规划应当与土地利用总体规划、水资源规划、城乡规划和环境保护规划等相协调。本法就规划的编制主体、批准程序、种类、内容、编制、实施等作出了具体规定；将水土保持规划作为水土流失预防和治理、水土保持方案编制、水土保持补偿费征收的依据。

(二) 预防

国家对水土保持工作实行预防为主，全面规划，综合防治，因地制宜，加强管理，注重效益的方针。将预防为主、保护优先作为水土保持工作的指导方针；增加了对一些容易导致水土流失、破坏生态环境的行为予以禁止或者限制的规定；完善了水土保持方案制度、监测制度和验收制度，强化了人为水土流失的预防和管控。

(三) 治理

按照本法的规定，对水土流失进行治理的机关是县级以上人民政府。

本法明确了在水土流失重点治理区实施国家水土保持重点工程建设；明确水土保持投入保障机制；明确了在不同水土流失类型区的技术路线；引导和鼓励国内外单位和个人投资、捐资或者以其他方式参与水土流失治理；鼓励和支持保护性耕作、能源替代以及生态移民等有利于水土保持的行为。

(四) 监测和监督

本法规定的对水土流失的预防和治理工作进行监督的机构是国务院水行政主管部门和县级以上地方人民政府水行政主管部门。

(五) 法律责任

违反法律规定的行为要承担相应的法律责任，主要有：刑事责任；行政责任；民事责任等。

三、2010 年修法亮点

随着经济社会的迅速发展和人们对生态环境要求的不断提高，水土保持工作遇到了一些新的问题，需要通过修改现行水土保持法加以解决：水土保持工作统筹规划不够；水土流失预防和治理的措施不够完善；各类生产建设活动大量增加；水土保持监测体系和监督措施不够完善。因此，有必要在全面总结实践经验的基础上，对水土保持法进行修订。

2010 年 12 月 25 日，第十一届全国人民代表大会常务委员会第十八次会议对水土保持法进行了全面修订。修订的主要亮点如下：

亮点一：强化了地方政府水土保持责任。

新修订后的水土保持法，建立了地方政府水土保持目标责任制和考核奖惩制度，从法律上把水土保持工作列为政府的重要职责。

亮点二：强化了水土保持规划的法律地位。

新修订的水土保持法，增加了"规划"专章，对水土保持规划的编制依据与主体、规划类别与内容、编制要求以及组织实施等作了明确规定。

亮点三：突出了水土流失预防保护。

新修订的水土保持法，对容易造成人为水土流失的取土、挖砂、采石等活动，要求强化管理，对水土流失严重、生态脆弱的地区，限制或者禁止一切可能造成水土流失的生产建设活动，禁止毁林毁草，禁止铲草皮、挖树兜、采集发菜或者滥挖虫草、甘草、麻黄等活动。

亮点四：加强了水土流失综合治理。

新修订的水土保持法,要求建立水土保持生态效益补偿制度,建立激励机制,引导单位和个人参与水土流失治理等。

四、典型案例

某高速公路地处地质灾害发育完全的地区,因修建高速公路,导致大量被破开的山坡裸露,红色土壤上留下了清晰可见的雨水冲刷的痕迹。山坡大都坡度偏高,有的接近垂直角。高速公路主要的护坡措施就是一面低矮的挡土墙。由于水土保持设施匮乏,已经发生多起滑坡事故,对公路行车安全构成较大威胁。公路及两侧的水土流失对生态安全也构成了威胁。某日,在大雨作用下发生了大面积滑坡,几千立方米砂石冲破了挡土墙和排水沟,严重影响了交通安全。同时,由于在高速路段上堆积的砂石也被任意倾倒在沟渠中或堆放在沟边,往往堵塞沟渠或被雨水冲走,冲进附近的河流中,直接影响到河流沿岸生态环境的安全和质量。

【案件评析】

本案涉及开发建设项目造成水土流失的问题。

我国水土保持法第十八条规定,修建铁路、公路和水工程,应当尽量减少破坏植被;废弃的砂、石、土必须运至规定的专门存放地堆放,不得向江河、湖泊、水库和专门存放地以外的沟渠倾倒;在铁路、公路两侧地界以内的山坡地,必须修建护坡或者采取其他土地整治措施;工程竣工后,取土场、开挖面和废弃的砂、石、土存放地的裸露土地,必须植树种草,防止水土流失。同时,该法第十九条规定,在山区、丘陵区、风沙区修建铁路、公路、水工程,开办矿山企业、电力企业和其他大中型工业企业,在建设项目环境影响报告书中,必须有水行政主管部门同意的水土保持方案。并且,建设项目中的水土保持设施,必须与主体工程同时设计、同时施工、同时投产使用。建设工程竣工验收时,应当同时验收水土保持设施,并有水行政主管部门参加。

如果企业事业单位在建设和生产过程中没有采取水土保持措施,根据我国水土保持法第二十七条的规定,企业事业单位应对造成的水土流失负责治理。本单位无力治理的,由水行政主管部门治理,治理费用由造成水土流失的企业事业单位负担。同时,该法第三十六条规定,若企业事业单位在建设和生产过程中造成水土流失,不进行治理的,可以根据所造成的危害后果处以罚款,或者责令停业治理;对有关责任人员由其所在单位或者上级主管机关给予行政处分。若造成水土流失危害的,将根据该法第三十九条的规定,行为人还有责任排除危害,并对直接受到损害的单位和个人赔偿损失。

☆《中华人民共和国防洪法》重点知识解读

一、立法背景

洪涝灾害是中华民族的心腹之患,减轻和防御洪涝灾害,是多少年来中华儿女为之不懈努力的奋斗目标。由于我国复杂的地理、气候条件,使我国成为世界上水旱灾害最严重的国家之一。洪涝灾害给人类带来两大灾难性后果:一是直接威胁人民生命和财产的安全;二是对经济的巨大破坏。因此，采取各种措施，防御、减轻洪涝灾害，对于保障人民生命财产安全，维护经济的稳定发展，保障四化的顺利实现显得尤为重要，这也就是防洪法制定与实施的根本目的。

1997年8月29日，第八届全国人民代表大会常务委员会第二十七次会议审议通过了《中华人民共和国防洪法》。该法的颁布实施，对防治洪水，防御、减轻洪涝灾害，维护人民的生命和财产安全，保障社会主义现代化建设的顺利进行具有重大意义。

二、主要内容

《中华人民共和国防洪法》共8章66条，主要包括防洪规划、治理与防护、防洪区和防洪工程设施的管理、防汛抗洪、保障措施五个方面的内容。

（一）防洪规划

防洪规划是指为防治某一流域、河段或者区域的洪涝灾害而制定的总体部署，包括国家确定的重要江河、湖泊的流域防洪规划，其他江河、河段、湖泊的防洪规划以及区域防洪规划。

本法关于防洪规划主要有：防洪规划的定义及分类；防洪规划与其他规划的关系；防洪规划的编制机关及审批程序；编制防洪规划的基本原则；防洪规划的内容；受风暴潮威胁的沿海地区的县级以上地方人民政府应当把防御风暴潮纳入本地区的防洪规划；山洪多发地区的县级以上地方人民政府应当组织有关部门采取防治措施；易涝地区的有关地方人民政府应当采取治理措施；长江、黄河等七大江河入海河口整治规划的审批程序；防洪规划保留区制度及防洪规划同意书制度等。

(二) 治理与防护

关于防洪中治理与防护的对象有江河、河道和湖泊，本法对这几种的治理和防护都作了具体的规定。主要内容包括防治江河洪水的方法、策略，整治和修建控制引导河水流向、保护堤岸等工程应当遵循的原则以及规划治导线确定的程序，整治河道与其他事业之间的关系，河道、湖泊管理体制及管理范围的划定，禁止在河道、湖泊管理范围内从事某些有碍行洪的活动，禁止围湖造地、围垦河流，对居住在行洪河道内居民的外迁，护堤护岸林木的管理及采伐，如何处置壅水、阻水工程，建设工程设施应当符合防洪要求及河道内建设项目的审批制度，水行政主管部门对河道内的建设行使监督检查权。

(三) 防洪区和防洪工程设施的管理

防洪区是指洪水泛滥可能淹及的地区，分为洪泛区、蓄滞洪区和防洪保护区。防洪工程设施作为防洪工作的重中之重，加强必要的管理是至关重要的。

本法的相关规定主要有：防洪区的分类及划定；防洪区内的土地实行分区管理；地方各级人民政府在防洪区安全与建设工作中的职责；洪泛区、蓄滞洪区内安全建设计划，有关扶持和补偿、救助制度及非防洪建设项目的洪水影响评价制度；防洪重点保护对象及保护要求；防洪工程设施的管理和保护措施；水库大坝的安全管理制度及防洪工程和设施、材料的保护措施等。

(四) 防汛抗洪

指导防汛抗洪工作的机构是国家防汛指挥机构。关于承担防汛抗洪工作任务的机关是县级以上人民政府。

本法关于防汛抗洪的主要规定有：防汛抗洪工作的责任制度和职责分工；防汛指挥机构的设置、组成及职责；防御洪水方案的制订和地位；汛期起止日期的确定及紧急防汛期的宣布；防汛指挥机构有关行政措施的授权；汛期内有关部门和单位的职责和任务；汛期内水库等水工程设施的使用和调度；紧急防汛期内防汛指挥机构采取有关紧急措施的职权；国务院、省级人民政府及其防汛指挥机构启用蓄滞洪区的权限；发生洪涝灾害后，有关人民政府对救灾工作和水毁工程设施修复的职责等。

（五）保障措施

防汛抗洪的保障措施有中央和地方财政支出、国家设立的水利建设基金。除了规定这些财政保证措施外，还规定了防洪救灾物资、资金的落实情况，真正保证了防汛抗洪工作的实效性。

本法对防洪工作所涉及的投入保障措施作了规定，以保证防洪事业的稳步发展。本法分别就人民政府在防洪投入方面的责任、中央和地方在防洪投入范围上的划分、防洪工程建设维护资金的筹集、企事业单位和农村居民在防洪投入方面的义务等作了明确的规定。

三、典型案例

2009年11月18日，某公司向市水利局补交了建造砂石码头的报批材料。该市水利局随即将此材料转报省水利厅审批。省水利厅认为，该公司所建码头已实际占用某河岸线410多米，伸入河道20余米，严重影响流域性河道的行洪与防汛安全，于2010年1月15日作出"不同意兴建该码头"的批复。该市水利局根据省水利厅的批复精神，于1月18日对该公司作出不同意兴建砂石码头的批复，并经研究决定对该公司擅自建造砂石码头的违法行为实施行政处罚，于1月20日分别向该公司发出《行政处罚告知书》和《听证告知书》。2月2日,该市水利局依据我国水法第六十五条第二款的规定,对该公司作出两项处罚决定:1.限2010年3月1日前拆除违法建造的砂石码头、恢复堤身原状;2.罚款人民币6万元。但该公司不服,于2月8日向该市人民政府申请行政复议。

【案件评析】

本案中,该公司未经河道主管机关批准,擅自在防洪河道内建造砂石码头的行为,很明显地违反了我国防洪法第二十二条第二款中关于"禁止在河道、湖泊管理范围内建设妨碍行洪的建筑物、构筑物,倾倒垃圾、渣土,从事影响河势稳定、危害河岸堤防安全和其他妨碍河道行洪的活动"的规定,该市水利局应依据我国防洪法第五十六条关于"违反本法第二十二条第二款、第三款规定,有下列行为之一的(其中第一项'在河道、湖泊管理范围内建设妨碍行洪的建筑物、构筑物的'),责令停止违法行为,排除阻碍或者采取其他补救措施,可以处五万元以下罚款"的规定,对该公司作出限期拆除违法建造的码头、恢复堤身原状,并处5万元以下罚款的行政处罚决定。

☆《中华人民共和国农业法》
重点知识解读

一、立法背景

20世纪90年代以来,特别是党的十四大提出建立社会主义市场经济体制的目标以后，农村经济体制改革不断深化，农业的市场化程度不断提高，市场机制已在国家宏观调控下发挥对农业资源配置的基础性作用。市场机制的不断完善也带来农业经营方式的变化，促进农业经营朝着专业化、组织化、一体化方向发展，改变了传统的农村经济管理体制。为了提高农民的组织化程度，确立其市场主体地位，规范管理农民专业合作经济组织，促使其合法经营，需要制定农业法。1993年7月2日，第八届全国人民代表大会常务委员会第二次会议审议通过了《中华人民共和国农业法》。

农业法的施行，对于进一步加强农业的基础地位，稳定家庭承包经营为基础的农业生产经营体制，推进农业生产发展和结构调整，加强农业科技教育，维护农民合法权益，促进农业生产整体水平的提高都发挥了重要作用。随着改革开放的深入和国民经济的不断发展，我国农业和农村经济发展已经进入了一个新的阶段，在取得巨大成就的同时，也出现了一些新情况和新问题。一是传统的农业管理和支持模式已经不能适应新的形势。二是农产品的品种和质量不完全适应市场需求，农业结构调整势在必行。三是加入世界贸易组织后，农业面临国际市场的挑战，面对这些新情况、新问题，需要对农业法加以修改。因此，2002年12月28日，第九届全国人民代表大会常务委员会第三十一次会议对农业法进行了修订完善。

二、主要内容

《中华人民共和国农业法》共13章99条，主要包括农业生产经营体制、农业生产、农产品流通与加工、粮食安全、农业投入与支持保护、农业科技与农业教育、农业资源与农业环境保护、农民权益保护、农村经济发展、执法监督十个方面的内容。

（一）农业生产经营体制

我国农业生产经营体制中最明显的制度是农村土地承包制。本法对农民和农业生产经营组织作了一些规定，并指出鼓励和支持农民发展农业产业化经营。

（二）农业生产

在农业生产中，县级以上人民政府和省级以上人民政府农业行政主管部门发挥着举足轻重的作用。国家还支持和鼓励农民和农业生产经营组织大力发展农村各项事业，并提供了物质和资金上的帮助。

（三）农产品流通与加工

建立在农业生产基础之上的农产品流通，是指农产品经过生产之后需要经过市场流通才能实现它的价值。但是有一部分农产品是需要加工之后才能实现其价值。本法专章规定农产品的流通与加工，就是为了从法律上给予保障，促进农产品流通、加工方面正常进行。

（四）粮食安全

"民以食为天"，这里的食指的就是粮食。可想而知，粮食的安全是如何重要。国家通过法律条文的形式来加强对粮食安全的保障，是十分必要且有意义的。

（五）农业投入与支持保护

国家对农业投入与支持保护的方式有：财政投入、税收优惠、金融支持、农业保险制度等。

（六）农业科技与农业教育

本法规定，国务院和省级人民政府应当制定农业科技、农业教育发展规划，发展农业科技、教育事业。

（七）农业资源与农业环境保护

国家法律支持和鼓励农民合理利用和保护土地、水、森林、草原、野生动植物等自然资源，合理开发和利用水能、沼气、太阳能、风能等可再生能源和清洁能源，发展生态农业，保护和改善生态环境。

（八）农民权益保护

为保护农民的合法权益，本法专列法律条款约束各级人民政府及其有关部门和所属单位、农业生产经营组织、农村集体经济组织或者村民委员会、农产品收购单位等的行为，运用法律手段明确规定了这些单位的权力和义务。

（九）农村经济发展

国家坚持城乡协调发展的方针，扶持农村第二、第三产业发展，调整和优化农村经济结构，增加农民收入，促进农村经济全面发展，逐步缩小城乡差别。

（十）执法监督

本法规定负责执法监督的机构是县级以上人民政府农业行政主管部门，在赋予了它们相应的职权外还从法律上约束执法监督行为。

三、典型案例

2005年3月，某村民开发利用一滩涂养蛏成功。2005年至2008年，该村村委会将此滩涂发包给他人养蛏。2008年2月，某村委会组织村民在滩涂上养殖蛏苗。但是，没过多久，该村所在地乡人民政府向市人民政府要求，将该辖区内的滩涂使用权下放给他们管理。三个月后，该市政府作出文件批复：同意该乡政府统一使用该乡行政区域内的滩涂，时间从2009年1月1日至2010年12月31日止，由该市政府土地和水产部门分别发给临时国有土地使用权证和养殖使用证。但该乡政府至今尚未取得临时国有土地使用权证和养殖使用证。2009年6月16日，该乡政府以受市政府委托管理使用该滩涂为由，利用行政职权，收取某村委会蛏款4000元，归乡政府所有，并将滩涂发包给乡公安派出所、乡武装部等单位经营使用。但该村委会不服，向市人民法院提起诉讼。那么，该村村委会对讼争的滩涂是否享有经营使用权？

【案件评析】

本案中，某村委会于2005年3月即开发利用在该村区域内的这片荒滩，组织该村村民在这片滩涂试种蛏，并取得成功。此后，该村一直实际使用该片滩涂进行养殖，并获得收益。因此，该村委会虽然缺乏确凿充分的证据证实其享有该片滩涂的所有权，但该村开发、使用该片滩涂进行养殖，这是不争的事实，根据上述法律以及相关的规范性文件的规定，沿海荒滩经营使用权应当确认归开发者。该村村委会依法享有该片滩涂的经营使用权。

☆《中华人民共和国农业技术推广法》重点知识解读

一、立法背景

农业技术推广是指通过试验、示范、培训、指导以及咨询服务等,把应用于种植业、林业、畜牧业、渔业的科技成果和实用技术普及应用于农业生产的产前、产中、产后全过程的活动。

我国农业有着悠久的发展历史,传统农业技术高度发达,农业技术及其推广活动处于世界领先地位。新中国成立后,党和政府十分重视农业技术推广工作,制定了一系列有关的方针政策,推动了农业技术推广工作的发展和推广体系的建设,这是我国农业得以发展的重要原因之一。科技在服务中的作用日益重要。但是,我国的农业科技成果的推广应用率还不高,许多重大农业科技成果尚未得到广泛应用,因此需要通过立法,明确农业技术推广工作在农村经济发展中的重要地位,确立适应社会主义市场经济发展需要的农业技术推广机制,规范各项农业技术推广活动的行为准则,规定农业技术推广的必要保障措施,保护推广者和应用者的合法权益,以加强农业技术推广工作,加快科研成果和实用技术的普及应用,推进我国农业和农村经济的持续发展。因此,1993年7月2日,第八届全国人民代表大会常务委员会第二次会议审议通过了《中华人民共和国农业技术推广法》。该法对加强农业技术推广工作,促使农业科研成果和实用技术尽快应用于农业生产,保障农业的发展,实现农业现代化具有重大意义。

二、主要内容

《中华人民共和国农业技术推广法》共 5 章 30 条，主要包括农业技术推广体系、农业技术的推广与应用、农业技术推广的保障措施三个方面的内容。

（一）农业技术推广体系

本法规定的农业技术推广体系，是指将农业技术推广机构与农业科研单位、有关学校以及群众性科技组织、农民技术人员相结合的一种推广体系。

（二）农业技术的推广与应用

农业技术的推广，是指将与农业相关的技术推广到农业的实践活动中，帮助农业劳动者真正掌握农业技术，促进农业增产增收。

（三）农业技术推广的保障措施

本法规定，农业技术推广保障的主体有乡、村集体经济组织；农业技术推广机构、农业科研单位和有关学校；农业技术推广行政部门和县以上农业技术推广机构等。农业技术推广不是一蹴而就的事情，为保障农业技术推广真正落实好、发展好，制定一些积极的保障措施是非常重要的。

三、典型案例

陕西省杨凌人曾经历了一段痛苦挣扎的时期。西北农林科技大学拥有代表世界先进水平的技术，当地农民人均纯收入却长期低于全国平均水平。杨凌人不得不思考：破解农业科技转化为现实生产力的"密码"到底在哪里?"公司搭台、专家唱戏、客户买票"是乾兴公司采用的模式,召集来杨凌的一流农业技术专家和农业经济学家,为农民提供农业专业技术咨询服务,提供农业项目规划和产品市场营销服务,开展农业技术培训,同时也为科技成果转化构建平台。专家技术成果的价值和咨询的收费标准,都由市场决定,公司与专家之间完全是市场化的合同关系。除了参与公司初创的4位专家享受"终生待遇"外,其余专家都是"泥饭碗",付出多少得到多少。"农民最缺的是技术和市场信息。"西北农林科技大学园艺学院副院长邹志荣认为,"数字农业入户"不仅能够带动农业发展,对教学也有好处,有利于推进"产学研"相结合。

【案件评析】

我国农业技术推广法第十一条规定:"乡、民族乡、镇以上各级国家农业技术推广机构的职责是:……(三)提供农业技术、信息服务……"本案中,陕西省杨凌市成功的案例告诉我们,向农民提供及时、有效的信息是非常重要的。因此,根据我国农业技术推广法的条文和精神,乡、民族乡、镇以上各级国家农业技术推广机构应该履行向农民提供农业技术、信息服务的职责,帮助农民走上一条致富之路。

☆《中华人民共和国农业机械化促进法》重点知识解读

一、立法背景

农业机械是现代农业的重要物质基础,也是先进农业科学技术的重要载体，建设现代农业，必须发展农业机械化。农业现代化是现代农业的重要标志，近年来，随着农业机械装备总量的稳步增长、农业机械作业水平的逐步提高、农业机械工业体系的初步形成、农业机械社会化服务的初显成效以及农业机械化发展支持体系的逐步建立，我国农业机械化事业得到了快速发展。但是，目前仍存在许多问题，如农业机械化水平较低、结构不合理，农业机械产品质量差、技术含量低，农业机械使用成本高，农业机械市场不规范等，这些问题在一定程度上影响了我国农业机械化向更高层次的发展。因此，2004年6月25日，第十届全国人民代表大会常务委员会第十次会议审议通过了《中华人民共和国农业机械化促进法》。该法对鼓励、扶持农民和农业生产经营组织使用先进适用的农业机械，促进农业机械化，建设现代农业具有重大意义。

二、主要内容

《中华人民共和国农业机械化促进法》共8章35条，主要包括科研开发、质量保障、推广使用、社会化服务、扶持措施五个方面的内容。

（一）科研开发

农业机械科研开发的负责机关是省级以上人民政府及其有关部门。农业机械科研主要表现在两个方面：一是自主科研开发；二是引进、利用先进科研开发研究成果。自主科研开发，包括有关科研机构和院校加强农业机械化科学技术研究和农业机械生产者开发先进适用的农业机械。

（二）质量保障

农业机械产品质量保障主要通过加强各相关部门的执法力度以及

明确非法农业机械产品的惩罚措施来实现。本法主要是明确了农机生产、销售企业对其制造生产、销售的农机产品必须符合国家有关标准和技术规范，并对其生产、销售的农机产品的质量负责；产品质量监督部门、工商部门和农机部门依法对农机产品质量进行监督管理；维护农机生产、流通的正常秩序，打击假冒伪劣农机产品；农民在购买、使用农机时发现质量问题，其合法权益受到法律保护。

（三）推广使用

农业机械产品经过科研开发和质量保障后就可以推广使用，但是推广使用的对象必须十分明确，其需求的事实也应该详细说明。

本法就农机产品的推广使用的规定主要包括：国家支持先进适用的农业机械产品的推广，有关农业机械实行自愿鉴定原则；建立农业机械化示范基地和示范点，推广先进适用的农业机械；确定、公布国家和省级支持推广的先进适用的农业机械产品目录；国家鼓励和支持农民合作使用农业机械，提高农业机械化水平；农机部门对农业机械安全生产的宣传、教育和管理责任以及农业机械作业安全操作规程等。

（四）社会化服务

农业机械产品的推广使用本着为全社会共同服务的目的，这里讲的社会化服务包括农民和农业机械作业组织在本地或外地进行的服务，还有就是国家设立基层农业机械技术推广机构为农民和农业生产经营组织无偿提供公益性农业机械技术的推广、培训等服务。

本法对开展有偿农机作业服务、农机跨区作业及安全监督管理、扶持农机服务组织、国家无偿提供公益性农业机械技术的推广和培训、从事农机维修服务的条件及维修责任、农机行业协会等作了规定。

(五) 扶持措施

农业机械化产品在推广和服务过程中难免会遇到各种各样不能解决的问题,这就需要国家采取一定的扶持措施来予以保障。

对农业机械化产品的扶持措施是农业机械化促进法的核心内容。主要规定有:对农业机械的科研开发和制造实施税收优惠政策;对农业机械工业的技术创新给予财政支持;对购买国家支持推广的先进适用的农业机械给予补贴;对从事农业机械生产作业服务的收入给予税收优惠;对农业机械的农业生产作业用燃油给予补贴;加强农业机械化基础设施的建设和维护;建立农业机械化信息搜集、整理、发布制度。

☆《中华人民共和国农产品质量安全法》重点知识解读

一、立法背景

农产品质量安全关系广大人民群众的身体健康、生命安全和新时期农业与农村经济的健康发展。党中央、国务院对此历来高度重视,采取一系列措施,不断加强农产品质量安全工作,如:加强农产品基地建设,改善农产品生产环境,开展农药、兽药等农业投入品的专项整治,加强新时期"菜篮子"工作,推进"无公害食品行动计划",完善农产品质量安全标准体系和检验检测体系,建立无规定动植物疫病区等,对保障农产品质量安全起到了十分积极的作用。为了将这些经实践证明行之有效的政策、措施法律化、制度化,进一步提高农产品质量安全水平,保障公众身体健康和生命安全,增强农产品竞争能力,促进农产品国际贸易,实现农民增收和农业可持续发展,2006年4月29日,第十届全国人民代表大会常务委员会第二十一次会议审议通过了《中华人民共和国农产品质量安全法》。

二、主要内容

《中华人民共和国农产品质量安全法》共8章56条,主要包括农产品质量安全标准、农产品产地、农产品生产、农产品包装和标识、监督检查五个方面的内容。

(一) 农产品质量安全标准

本法所称农产品,是指来源于农业的初级产品,即在农业活动中获得的植物、动物、微生物及其产品。本法所称农产品质量安全,是指农产品质量符合保障人的健康、安全的要求。

本法明确了农产品质量安全标准的制定、修改、发布和组织实施几个方面的内容。

(二) 农产品产地

农产品产地的选址和设置,必须符合一定的标准,对于本法禁止范围的产地不可以进行农产品的生产,只能进行一定的调整。

(三) 农产品生产

农产品生产必须制定技术要求和操作流程,而其制定主体是国务院农业行政主管部门和省、自治区、直辖市人民政府农业行政主管部门。

本法明确了农业科研教育机构、农业技术推广机构、农产品生产者的职责。

(四) 农产品包装和标识

农产品在生产之后、流通之前，需要相应的包装和标识，不仅可以避免因产品无包装而造成虚假性，而且还可以预防因无标识而发生的产品归属混乱。本法对农产品包装和标识进行了原则性规定。

(五) 监督检查

本法规定的监督检查分为三个部分：一是国家明令禁止销售的农产品是不可以流通的；二是农产品质量检测机构应该积极履行本法规定的相应的职责；三是单位或个人对农产品质量安全进行社会监督。

三、典型案例

王某于2006年依法成立某农副产品加工厂。2008年，他承包某有限公司的基地。根据食品加工工艺的需要，王某依法使用食品添加剂硫磺对采收的鲜竹笋进行硫处理，以半成品的形式保藏，待运回厂继续加工制成成品，经检验合格再出厂销售。2009年9月，由该县质量技术监督局牵头与农业局、工商局等部门组成联合执法组，来到王某承包基地生产加工点仓库检查工作，把半成品竹笋当作是产品，怀疑质量不合格或者不符合强制性标准规定，就地查封80吨竹笋半成品，认为二氧化硫超标，进行抽样检验，后来又强行把原基地封存和未封存的共120.8吨半成品竹笋拉到某农产品有限公司的露天场地堆放。10月13日，该县质量技术监督局作出解封决定，但未退还王某。随后，该县质量技术监督局又强行扣押这些半成品竹笋，并进行抽样送上一级产品质量检验院检验，检验二氧化硫是否超标，检验结果不作判定，但该质量技术监督局并没有因此将竹笋解封退还王某，反而作出了行政处罚决定书。

【案件评析】

卫生部公告（2008）第27号附件三将硫磺列入食品工业用加工助剂，而王某使用的食品添加剂是购买该市某硫磺加工厂生产经检验合格的产品，是国家法律允许使用的，该县质量技术监督局认为硫磺不能作鲜竹笋的添加剂使用漂白、防腐没有法律事实依据。该县质量技术监督局作出的处罚决定适用法律错误，该县质量技术监督局对同一件事以同一个理由进行重复扣押没有法律依据；我国农产品质量安全法第二十九条、第三十三条的规定是销售农产品的规范，而王某硫处理加工、贮藏于基地加工点仓库的半成品不是在市场销售的农产品，所使用的食品添加剂硫磺并没有违反国家法律及有关强制性技术规范。该县质量技术监督局依据该法第四十九条处罚含糊、笼统、违背科学。因此，其作出的处罚决定程序违法，其以"证据登记保存清单"强行扣押的具体行政行为违法。

☆《中华人民共和国种子法》重点知识解读

一、立法背景

种子是农业、林业最基本的生产资料，是具有生命力的特殊商品，也是科技进步的重要体现。我国历来十分重视种子事业的发展和种子立法工作，1989年，国务院颁布了《中华人民共和国种子管理条例》（以下简称《条例》）。经过10年的实践证明，《条例》对促进我国种子事业和农业、林业的发展发挥了重要作用。但是，随着改革开放的不断深入和种子事业的进一步发展，《条例》的有些内容与实际要求，特别是与建立社会主义市场经济体制的要求已不相适应，实践中出现的一些新情况、新问题也迫切需要制定法律加以规范和调整。因此，2000年7月8日，第九届全国人民代表大会常务委员会第十六次会议审议通过《中华人民共和国种子法》。2004年8月28日，第十届全国人民代表大会常务委员会第十一次会议对种子法进行了修订完善。

种子法对保护和合理利用种质资源，规范品种选育和种子生产、经营、使用行为，维护品种选育者和种子生产者、经营者、使用者的合法权益，提高种子质量水平，推动种子产业化，促进种植业和林业的发展具有重大意义。

二、主要内容

《中华人民共和国种子法》共11章78条，主要包括种质资源保护、品种选育与审定、种子生产、种子经营、种子使用、种子质量、种子进出口和对外合作、种子行政管理、法律责任九个方面的内容。

（一）种质资源保护

对种质资源的保护，主要从以下几个方面着手，它包括：任何单位和个人不得侵占、破坏、境外引进、提供种质资源；国家制定并管理种质资源录；国家建立种质资源库。

国家依法保护种质资源，任何单位和个人不得侵占和破坏种质资源。国家有计划地收集、整理、鉴定、登记、保存、交流和利用种质资源，定期公布可供利用的种质资源目录。国家对种质资源享有主权，任何单位和个人向境外提供种质资源的，应当经国务院农业行政主管部门批准。

(二) 品种选育与审定

品种选育和审定是种子种植和生产过程中的必经环节，本法从立法上明确品种选育与审定的合法性和规范性，也是为了利用法律手段保障品种选育与审定工作的正常进行。

(三) 种子生产、种子经营、种子使用

从事种子生产的单位和个人须具备一定的条件，并且需要通过领取许可证才可以进行。经营种子时，种子经营者必须先取得种子经营许可证后，方可凭种子经营许可证向工商行政管理机关申请办理或者变更营业执照。"种子使用"一章针对的是种子使用者的相关规定，种子使用者可以自由选定种子，而不必经过任何单位和个人的允许。

(四) 种子质量

本法对种子质量的规定，主要包括监督、检测以及相关禁止性规定。

(五) 种子进出口和对外合作

种子进出口必须按照国家规定，进行检疫和审定，对国外进口的种子的质量，还得达到国家标准、行业标准或合同明文规定的标准。进行对外合作，按照法律法规的规定，还得经过我国主管机关的审核和许可。

(六) 种子行政管理

种子行政管理的执法机关是农业、林业行政主管部门。本法规定了主管部门的职责，在执法活动中需要出示执法证件方能进行检查，

同时在许可证核发的过程中，不得收取除工本费外的任何费用。

（七）法律责任

本章对违反本法的行为规定了处罚措施，分别就违法行为的种类及相应的处罚措施、处罚幅度等内容作了规定。

三、典型案例

2009年，某工商局接到举报后，对辖区内某种子店丙涉嫌销售无标签种子进行立案查处。查明，该店从甲处购进芫荽种子500公斤，截止到该工商局查处时，已全部销售给乙。甲、丙之间，丙、乙之间均为现款交易，无交易票据。现场检查时，乙已将货装于其车上，该批种子用塑料编织袋包装且无标签。以上事实有现场检查笔录以及对甲、丙、乙等的询问笔录等为证。后来，该工商局认定甲的行为违反了种子法第三十五条规定，根据种子法第六十二条，责令甲改正违法行为，并处以罚款。

同年，丁研究所出具一份其与甲共同签署的证明："某工商局《行政处罚决定书》认定的500公斤芫荽种子，是丁暂存在甲处，并由甲代办内部调运手续"，并依据该份证明提起行政诉讼，以工商部门无管辖权、处罚主体认定错误为由，请求法院撤销该工商局作出的处罚决定。不久，丁申请撤诉。同日，法院裁定准许。那么，该工商局对本案是否有管辖权？

【案件评析】

我国种子法第三十五条规定："销售的种子应当附有标签。标签应当标注种子类别、品种名称、产地、质量指标、检疫证明编号、种子生产及经营许可证编号或者进口审批文号等事项。标签标注的内容应当与销售的种子相符。"同时该法第六十二条规定:"违反本法规定,有下列行为之一的,由县级以上人民政府农业、林业行政主管部门或者工商行政管理机关责令改正,处以一千元以上一万元以下罚款:(一)经营的种子应当包装而没有包装的;(二)经营的种子没有标签或者标签内容不符合本法规定的……"该法第二条第二款规定,"本法所称种子,是指农作物和林木的种植材料或者繁殖材料,包括籽粒、果实和根、茎、苗、芽、叶等。"据此,该工商局对辖区内的某企业销售无标签芫荽种子的行为具有行政处罚权。

☆《中华人民共和国森林法》重点知识解读

一、立法背景

森林有着蓄水保土、调节气候、改善环境的作用,这些作用是人类生存和发展不可缺少的环境要素。但我国是一个少林国家,森林的自然资源相对贫乏,绿化祖国将是我国当前乃至今后相当长时期内的一项历史性的任务。制定森林法的一个重要目的,就是要充分发挥森林的这些功能,通过法律措施加快我国的国土绿化进程。

1984年9月20日,第六届全国人民代表大会常务委员会第七次会议审议通过了《中华人民共和国森林法》。1998年4月29日,第九届全国人民代表大会常务委员会第二次会议对森林法进行了修正。

森林法对保护、培育和合理利用森林资源，加快国土绿化，发挥森林蓄水保土、调节气候、改善环境和提供林产品的作用，适应社会主义建设和人民生活的需要具有重大意义。

二、主要内容

《中华人民共和国森林法》共7章49条，主要包括森林经营管理、森林保护、植树造林、森林采伐、法律责任五个方面的内容。

（一）森林经营管理

对森林享有经营管理权力的机构是各级林业主管部门。各级林业主管部门有权依法对森林资源的保护、利用、更新进行管理和监督，清查森林资源和建立资源档案制度。本法规定了森林、林木和林地使用权在不改变林地用途的情况下可以依法转让、作价入股或者作为合资、合作造林、经营林木的条件，各级人民政府制定林业长远规划和林业企事业单位编制森林经营方案，林木、林地权属争议的处理，征用或者占用林地必须经林业主管部门审核同意，并缴纳森林植被恢复费。

（二）森林保护

本法关于森林保护的主要规定有：地方各级人民政府组织有关部门建立护林组织、增加护林设施、订立护林公约以及护林员的主要职责，在林区设立的森林公安机关的主要职责以及武装森林警察部队的任务，预防和扑救森林火灾，防治森林病虫害，禁止毁林开垦、采石等毁林行为，建立自然保护区保护典型的森林生态系统和天然林，保护林区内的国家重点保护野生动物。

(三) 植树造林

植树造林作为单独一章设立，主要是针对森林保护而言的。加强森林保护，虽然可以在一定程度上对森林资源进行合理的管理，但是，这并不能从根本上保证森林资源的完整性，实行植树造林可以弥补这一方面造成的缺陷。

本法对制定植树造林规划、完成植树造林任务、营造林木的所有权和支配林木收益的权利等进行了规定。

(四) 森林采伐

采伐森林，必须具备一定的条件，须遵守法律规定的"采伐森林和林木"的条件外，还得申请采伐许可证。在经过审核并发放许可证后，才可以在许可证规定的范围内进行森林采伐。

关于森林采伐的规定主要有：国家根据用材林的消耗量低于生长量的原则严格控制森林年采伐量；采伐森林必须遵守有关采伐方式的规定；采伐林木必须申请林木采伐许可证，林木采伐许可证的申请、取得和管理；采伐林木的单位和个人必须完成规定的更新造林任务；从林区运出木材必须持有木材运输证件；珍贵树木及其制品、衍生物进出口管理等。

(五) 法律责任

本法规定了盗伐、滥伐森林或者林木的行政和刑事处罚；非法采伐、毁坏珍贵树木的刑事处罚；超限额发放林木采伐许可证或者超越职权发放林木采伐许可证、木材运输证件等的行政处分和刑事处罚；买卖林木采伐许可证、木材运输证件等行政和刑事处罚以及伪造林木采伐许可证等证件的刑事处罚；在林区非法收购明知是盗伐、滥伐的林木的行政和刑事处罚；非法开垦、采石等毁林行为以及在幼林地和特种用途林内砍柴、放牧的行政处罚；采伐林木的单位和个人没有按照规定完成更新造林任务的处罚；从事森林资源保护、林业监督管理工作的林业主管部门的工作人员和其他国家机关的有关工作人员滥用职权、玩忽职守等行为的刑事处罚和行政责任。

三、典型案例

林某系某省甲县个体工商户，其持有的工商营业执照载明经营范围是林产品加工，经营方式是加工、收购、销售。林某向甲县工商局缴纳了松香运销管理费后，将自己加工的松香运往某省乙县出售。当林某进入乙县时，被乙县林业局执法人员拦截。乙县林业局以林某未办理运输证为由，依据某省地方性法规《林业行政处罚条例》以及授权省林业厅制定的《林产品目录》（该目录规定松香为林产品，应当办理运输证）的规定，将林某无证运输的松香认定为"非法财物"，予以没收。林某提起行政诉讼要求撤销没收决定，法院予以受理。

【案件评析】

我国森林法第三十七条规定："从林区运出木材，必须持有林业主管部门发给的运输证件，国家统一调拨的木材除外。依法取得采伐许可证后，按照许可证的规定采伐的木材，从林区运出时，林业主管部门应当发给运输证件。经省、自治区、直辖市人民政府批准，可以在林区设立木材检查站，负责检查木材运输。对未取得运输证件或者物资主管部门发给的调拨通知书运输木材的，木材检查站有权制止。"结合本案可知，本法未将木材以外的林产品的无证运输行为纳入行政处罚的范围，也未规定对无证运输其他林产品的行为给予没收处罚。该省地方性法规《林业行政处罚条例》的有关规定，扩大了森林法及其实施条例关于应受行政处罚行为以及没收行为的范围，不符合上位法。根据行政诉讼法律适用规则，法院应当适用我国森林法。

☆《中华人民共和国畜牧法》重点知识解读

一、立法背景

改革开放以来，我国畜牧业取得了巨大成就，畜牧业已经从家庭副业发展成为农业产业化、市场化特征最突出和最具活力的产业。在数量增长的同时，畜产品质量安全、生态安全和公共卫生安全问题日益突出。在全面建设小康社会的新形势下，促进畜牧业全面、协调、可持续发展，对解决"三农"问题、保障国家食品安全、改善城乡居民膳食结构、尽快实现全面建设小康社会的战略目标，具有重大战略意义。

第十届全国人民代表大会常务委员会第十九次会议于2005年12月29日通过《中华人民共和国畜牧法》。畜牧法的公布实施，是我国农业农村方面立法体系的进一步完善，有利于进一步加快推进现代畜牧业的发展，有利于实现畜牧业发展由主要靠政策和行政手段管理向依靠行政、经济和法律手段共同管理转变的客观要求；有利于树立科学发展观，切实解决畜牧业发展中面临的新问题，促进农业增效和农民增收；也有利于推进依法治国方略的实施，强化依法行政、依法管理,并为社会主义新农村建设创造更加有利的法制环境。

二、主要内容

《中华人民共和国畜牧法》共8章74条,主要包括畜禽遗传资源保护、种畜禽品种选育与生产经营、畜禽养殖、畜禽交易与运输、质量安全保障五个方面的内容。

(一)畜禽遗传资源保护

畜禽遗传资源是畜牧业发展的重要组成部分,因此国家设立畜禽遗传资源保护制度十分必要。国家设立专项资金加强畜禽遗传资源的保护力度,并且还成立国务院畜牧兽医行政主管部门对畜禽遗传资源进行管理。

(二)种畜禽品种选育与生产经营

国家扶持种畜禽品种的选育工作,并且明确规定对培养种畜禽品种选育时的审核事项。种畜禽生产经营,必须取得生产经营许可证。

(三)畜禽养殖

管理畜禽养殖的部门是县级以上人民政府畜牧兽医行政主管部门。本法规定,国家通过财政预算对畜禽养殖企业进行补贴,并对畜禽养殖的贷款者提供优惠。国家设立的畜牧兽医技术推广机构,应当向农民提供畜禽养殖技术培训、良种推广、疫病防治等服务,并且对疫病防治及污水处理都有相应的规定。

(四)畜禽交易与运输

本法规定,县级以上人民政府加强对畜禽交易的管理,并对畜禽交易活动规定了明确的注意事项；关于畜禽运输，应当注意畜禽的防疫工作和运输安全，并规定对畜禽运输进行检查。

（五）质量安全保障

本法明确规定，县级以上人民政府应当组织畜牧兽医行政主管部门和其他有关主管部门加强畜禽产品的质量监督工作和安全生产工作。

三、典型案例

2009年3月21日，某省畜牧兽医局电话通知某市畜牧水产局：某种禽有限公司的分公司生产销售的蛋雏鸡，违反畜牧法的规定，要求予以查处。接到通知后，某市畜牧水产局领导高度重视，由副局长具体负责，抽调市局畜牧处、法制处人员组成调查组，指定两名执法人员于同年3月21日、24日分别对某种禽有限公司和某种禽有限公司的分公司进行了初步调查，发现该公司具有未按核定的品种名称销售种禽的违法事实，同年3月27日报请局领导批准，决定立案调查。经查：某种禽有限公司由北京某禽业有限公司引进海兰灰父母代雏鸡，经饲养生产商品代种蛋，再由该种禽有限公司的分公司孵化后销售。2009年1月至2010年12月期间，将一部分雏鸡销售，查证核实的销售数量为188489羽，每羽违法所得0.15元（共计违法所得28273元人民币）。

【案件评析】

我国畜牧法第二十二条第一款规定："从事种畜禽生产经营或者生产商品代仔畜、雏禽的单位、个人，应当取得种畜禽生产经营许可证。申请人持种畜禽生产经营许可证依法办理工商登记，取得营业执照后，方可从事生产经营活动。"本案中，该市畜牧水产局颁发给某种禽有限公司的《种畜禽生产经营许可证》上，核定的生产经营范围是海兰灰、海兰褐商品代雏鸡。该公司由北京某禽业有限公司引进海兰灰父母代雏鸡，经饲养生产商品代种蛋，再由该种禽有限公司的分公司孵化后销售，实际上就是海兰灰商品代雏鸡，但是其未使用规范的品种名称——海兰灰，而是在 2009 年 1 月至 2010 年 12 月期间，将一部分雏鸡以别的代号的品种名称销售。该公司也未按照法律规定申请畜禽生产经营许可证，而直接从事雏鸡销售，显然违反了畜牧法的规定，应该由相应机关责令其改正并没收违法所得。

☆《中华人民共和国草原法》重点知识解读

一、立法背景

草原是一种宝贵的自然资源，人类根据其特殊的功能和自身的需要，对草原投入了人力、物力、财力，对其进行开发利用、建设保护，从而在草原上形成了权利义务关系。明确了草原权属并实行依法保护，对草原的保护、管理、开发和合理利用是十分必要的。1985 年 6 月 18 日，第六届全国人民代表大会常务委员会第十一次会议审议通过了《中华人民共和国草原法》。

这部法律的实施，对加强草原的保护、建设和合理利用，保护和改善生态环境，发挥了积极的作用。但是，随着改革的深化和市场经济的发展，相关规定已经不能适应新形势下草原保护管理的需要，实践中出现了一些亟待解决的问题：一是，超载过牧、乱垦乱挖草原的现象严重，部分草原的鼠害、病虫害还未得到有效控制，草原沙化、退化、荒漠化的趋势加剧；二是，草原承包中重利用轻养护、重索取轻建设等掠夺性经营的现象比较突出；三是，对草原投入不足，草原基础设施和服务体系建设滞后；四是，法律责任的规定比较原则，对破坏草原等违法行为的处罚力度不够。为了解决上述问题，在征求多方意见和反复论证的基础上，2002年12月28日，第九届全国人民代表大会常务委员会第三十一次会议对草原法进行了修订完善。

二、主要内容

《中华人民共和国草原法》共9章75条，主要包括草原权属、规划、建设、利用、保护、监督检查六个方面的内容。

（一）草原权属

国家享有草原所有权，由法律规定属于集体所有的除外。任何单位或者个人不得侵占、买卖或者以其他形式非法转让草原。但国家所有的草原可以依法确定给全民所有制单位、集体经济组织等使用。

草原登记分为草原初始登记和草原变更登记。

1. 草原初始登记，就是在一定的时间内，对辖区内全部草原进行的普遍登记。

2. 草原变更登记，是指国有草原使用权、集体草原所有权发生变化，即初始草原登记的内容发生变化，国有草原的使用者、集体草原的所有者到登记机关进行的登记。依法改变草原权属的，应当办理草原权属变更登记手续。

（二）草原规划、建设、利用、保护

本法规定，国家对草原保护、建设、利用实行统一规划制度。国

务院草原行政主管部门会同国务院有关部门编制全国草原保护、建设、利用规划，报国务院批准后实施。

本法还规定了草原保护、建设、利用规划的编制、审批程序、编制原则、编制内容以及与有关规划的关系等。此外，为了保证草原保护、建设，还规定了草原调查、草原分等定级、草原统计和草原生态监测预警制度。

（三）监督检查

监督检查是针对草原规划、建设、利用、保护等方面的一项重要措施，其目的也是为了保障草原法规定的各项措施能够得以实现。

本法主要对草原监督管理机构、草原执法队伍建设、草原监督检查人员履行监督检查职责时有权采取的措施等方面作了规定。

三、典型案例

某日凌晨，某镇领导接到某村村主任高某电话，汇报该村前十六屯村民正在本村界内某二号桥南的河套地里非法开垦草原和林地，而该草原所在地区水土流失严重。接到通知后，某镇立即组成由镇长为组长，副书记、副镇长、镇派出所干警、镇畜牧站站长和村干部为成员的工作组，于一小时后赶到现场。到现场后，发现地里共有85台四轮车，一百多位农民，在地头休息、吃饭，该地块大部分已经翻完或种完，草原和林地已被开垦80%以上（后据在此搭棚居住放鹅的人员讲，大部分车辆从凌晨开始耕种，已耕作六个多小时）。镇里又及时增派镇派出所干警，并通知县畜牧局执法人员赶往现场，对违法开垦的人员进行法制宣传和说服教育，要求立即停止非法开垦活动。但因开垦车辆和人员太多，执法人员少，现场没有制止住，一直到上午9：20，草原和林地几乎被全部翻起种完。

【案件评析】

我国草原法第四十六条规定:"禁止开垦草原。对水土流失严重、有沙化趋势、需要改善生态环境的已垦草原,应当有计划、有步骤地退耕还草;已造成沙化、盐碱化、石漠化的,应当限期治理。"本案中,该村村民明知草原存在水土流失的现象,而依然进行大型开垦,明显违反了该法律条文的规定。同时,该法第六十六条规定:"非法开垦草原,构成犯罪的,依法追究刑事责任;尚不够刑事处罚的,由县级以上人民政府草原行政主管部门依据职权责令停止违法行为,限期恢复植被,没收非法财物和违法所得,并处违法所得一倍以上五倍以下的罚款;没有违法所得的,并处五万元以下的罚款;给草原所有者或者使用者造成损失的,依法承担赔偿责任。"因此,该村所在县级以上人民政府草原行政主管部门依据职权责令该村村民停止违法行为,限期恢复植被,没收违法所得并处以相应罚款。

☆《中华人民共和国渔业法》重点知识解读

一、立法背景

改革开放初期,我国就在加强渔业管理方面做了一定的工作。特别是1979年国务院颁布了《水产资源繁殖保护条例》以来,采取了许多保护水产资源的措施,收到了良好的效果。但是,从全局来看,渔业管理仍然是一个薄弱环节,破坏水域的生态环境和水产资源的状况得不到有效制止,渔业上的根本问题仍未解决。为了加强渔业管理,保障国家和渔业者的权益,发展我国的渔业生产,1986年1月20日,第六届全国人民代表大会常务委员会第十四次会议审议通过了《中华人民共和国渔业法》。

渔业法自1986年7月1日实施以来,对于保护渔业资源,促进渔业发展,满足城乡居民生活需求,维护国家渔业权益,发挥了重要的作用。但是,随着改革的深化、开放的扩大和社会主义市场经济的发展,渔业管理也出现了许多新情况、新问题,主要是:重要的养殖水面不断被侵占;对渔业资源的掠夺性捕捞加剧;新的国际公约、协定规定的缔约国的义务需要通过国内法来实施;渔业执法手段不够,力度不大,一些违法行为不能及时惩处。为了解决上述问题,2000年10月31日第九届全国人民代表大会常务委员会第十八次会议、2004年8月28日第十届全国人民代表大会常务委员会第十一次会议对渔业法进行了修订完善。

二、主要内容

《中华人民共和国渔业法》共6章50条,主要包括养殖业、捕捞业、渔业资源的增殖和保护三个方面的内容。

(一) 养殖业

本法所称养殖业,是指全民所有制单位、集体所有制单位和个人充分利用适于养殖的水域、滩涂进行的养殖活动。国家鼓励全民所有制单位、集体所有制单位和个人充分利用适于养殖的水域、滩涂,发展养殖业。

(二) 捕捞业

关于捕捞业，国家在财政、信贷和税收等方面采取了相应措施保障其发展。国家对捕捞业实行捕捞限额制度和捕捞许可证制度，同时对捕捞的单位或个人、捕捞的船舶、渔港作出了相应的法律规定。

(三) 渔业资源的增殖和保护

渔业资源增殖的负责机关是县级以上人民政府渔业行政主管部门，为了进一步落实好渔业资源的增殖工作，需要向收益的单位和个人征收渔业资源增殖保护费。关于渔业资源的保护，该法作出了一些禁止性规定，例如：禁止使用炸鱼、毒鱼、电鱼等破坏渔业资源的方法进行捕捞；禁止捕捞有重要经济价值的水生动物苗种；禁止围湖造田等。

三、典型案例

某日，小郭碰上了拿着鱼炮沿河炸鱼的小王等三人。小王认识小郭，知道他经常在河面捕鱼，熟知河中鱼群的分布情况，遂请小郭代为投掷鱼炮，小郭答应下来，谁知小郭从未使用过鱼炮，将鱼炮引线点燃后没有扔出去，鱼炮在其手中爆炸，右手掌被当场炸飞。经医院抢救治疗，小郭右手掌及腕关节被切除并安装了假肢，鉴定机构认定小郭损伤为五级伤残。小王等三人及鱼炮卖家林某已被公安机关另案处理。小郭认为自己与小王等三人是义务帮工关系，鱼炮卖家林某的违法销售行为与导致事故发生存在因果关系，这四人对自己的损害后果均应承担赔偿责任，故将四人告上法院，要求四人共同赔偿损失38.9万元。那么，小郭的义务帮工行为生效吗？

【案件评析】

小郭的义务帮工行为虽成立但不生效,是无效民事法律行为。民事法律行为的成立和生效是两个不同的概念,民事法律行为成立的效力是意思表示的成立效力,而该行为只有符合法律规定的生效要件,当事人的意思才被法律认可,从而产生预定的法律效力并受法律保护。民法通则第五十五条明文规定了民事法律行为的生效要件,即:行为人具有相应的民事行为能力;意思表示真实;不违反法律或者社会公共利益。我国渔业法第三十条规定,禁止使用炸鱼的方法进行捕捞,小郭使用鱼炮炸鱼的帮工行为违反法律规定,故小郭的帮工行为无效,不产生预定的法律效力,不受义务帮工条款的保护。

☆《中华人民共和国动物防疫法》重点知识解读

一、立法背景

党中央、国务院对动物防疫工作历来是高度重视的。国务院于1985年制定的《家畜家禽防疫条例》,对规范动物防疫工作,促进畜牧业发展,起到了积极作用。但是,随着改革的深入、开放的扩大和社会主义市场经济体制的建立,动物防疫工作遇到了不少新情况和新问题。这些问题的存在,危害人民健康,妨碍养殖业生产,损害消费者的合法权益。条例已不能适应新形势下动物防疫工作的需要。因此,1997年7月3日,第八届全国人民代表大会常务委员会第二十六次会议审议通过了《中华人民共和国动物防疫法》。

动物防疫法的颁布实施，对于加强动物防疫工作，预防、控制和扑灭动物疾病，促进畜牧业发展，保护人民群众身体健康，维护公共卫生安全和社会稳定，发挥了重要的作用。但是，随着我国养殖业快速发展，动物疫病的防控难度越来越大。而旧的动物防疫法由于存在动物疫病防控制度不完善、可操作性不强等问题，难以适应新形势下防控动物疫病的要求。为此，2007年8月30日，第十届全国人大常委会第二十九次会议审议对动物防疫法进行了修订完善，重点对免疫、检疫、疫情报告和处理等制度作了修改、补充和完善，新增了疫情风险评估、疫情预警、疫情认定、无规定动物疫病区建设、官方兽医、执业兽医管理、动物防疫保障机制等方面的内容。

二、主要内容

《中华人民共和国动物防疫法》共10章85条，主要包括动物疫病的预防，动物疫情的报告、通报和公布，动物疫病的控制和扑灭，动物和动物产品的检疫，动物诊疗，监督管理，保障措施等七个方面的内容。

（一）动物疫病的预防

关于动物疫病的预防，国务院兽医主管部门应按照法律的相关规定制定相应的动物疫病预防、控制措施；县级以上各级人民政府、乡级人民政府、街道办事处、饲养动物的单位和个人，都得做好动物疫病防治工作。

根据我国的国情，国家对动物疫病实行预防为主的方针和计划免疫制度，实行强制免疫，以防止严重危害养殖业生产和人体健康的动物疫病的发生。发生严重危害养殖业生产和人体健康的动物疫病时，国家应当采取紧急、严厉的隔离、封锁、扑杀、销毁、消毒、紧急免疫接种及其他限制性措施，迅速扑灭疫情，严防疫情扩散。

(二) 动物疫情的报告、通报和公布

动物疫情的报告，需要经过发现疫情的单位和个人、兽医主管部门、动物卫生监督机构或者动物疫病预防控制机构、县级以上人民政府兽医主管部门等多道程序才能完成报告工作。动物疫情的通报和公布的执行机关都是国务院兽医主管部门。

疫情情报的收集、反馈、整理是一项很重要的工作，其中及时发现疫情最为重要，而且做到及时、快速，必须建立报告制度，并且要发动全社会共同做好，故我国将报告动物疫情作为公民的一项义务，在法律中加以规定，以真正做到及时、准确、全面地发现和掌握动物疫情的动态，便于制定切实的动物防疫工作计划、规划和及时采取扑灭措施。

(三) 动物疫病的控制和扑灭

动物疫病的控制主要是针对三类动物疫病进行的，并且每一类疫病的控制和扑灭方法都是不一样的。相关部门以及其他单位、个人都必须遵守本法的规定，将动物疫病的危害降到最低。

常用的控制、扑灭，一类动物疫病采取的措施有：隔离、封锁、扑杀、销毁、消毒、紧急免疫接种及其他限制性措施。二类动物疫病采取控制、扑灭措施。三类动物疫病采取控制、防治措施。

(四) 动物和动物产品的检疫

对动物、动物产品进行检疫的机构是动物卫生监督机构。

动物防疫工作由国务院畜牧兽医行政管理部门主管，由动物防疫监督机构具体实施。动物防疫监督机构对动物、动物产品依法实施检疫，是代表国家的行政执法行为。在市场经济条件下，在动物、动物产品商品流通中，动物防疫监督机构既不代表买方，也不代表卖方，不受生产经营单位利益和管理的制约，从而能确保代表国家依法实施检疫，确保了检疫结果具有监督性、公正性和权威性，符合国际惯例。

（五）动物诊疗

本法对从事动物诊疗机构设立的条件、获取动物诊疗许可证、执业兽医资格作了规定，同时，还规定了兽医在从事诊疗活动中应遵守的规定。

（六）监督管理

本法中实施监督管理的机构是动物卫生监督机构，动物卫生监督机构执行监督检查任务，它还可以根据动物疫病预防、控制需要，经当地县级以上地方人民政府批准，在车站、港口、机场等相关场所派驻官方兽医。

三、典型案例

2010年4月4日，某市动物卫生检疫站在某地查获高某正在转运病死牛一头。经查，当事人高某，男，58岁，该县农会乡八村三社人，自家耕牛于2010年3月29日生病，请当地兽医治疗多日无效于2010年4月3日下午死亡，当事人把死牛自行分割加工后，4月4日乘客车运至该处准备转运到城区销售，被当场查获。

【案件评析】

我国动物防疫法第二十一条规定:"动物、动物产品的运载工具、垫料、包装物、容器等应当符合国务院兽医主管部门规定的动物防疫要求。染疫动物及其排泄物、染疫动物产品,病死或者死因不明的动物尸体,运载工具中的动物排泄物以及垫料、包装物、容器等污染物,应当按照国务院兽医主管部门的规定处理,不得随意处置。"本案中,高某将死因不明的牛的尸体运输至该处销售,已经违反了该条的法律规定。根据该法第七十五条规定:"违反本法规定,不按照国务院兽医主管部门规定处置染疫动物及其排泄物、染疫动物产品,病死或者死因不明的动物尸体,运载工具中的动物排泄物以及垫料、包装物、容器等污染物以及其他经检疫不合格的动物、动物产品的,由动物卫生监督机构责令无害化处理,所需处理费用由违法行为人承担,可以处三千元以下罚款。"因此,该市动物卫生监督机构应该责令高某进行无害化处理,所需费用由高某自行承担,并对其处以三千元以下罚款。

☆《中华人民共和国进出境动植物检疫法》重点知识解读

一、立法背景

进出境动植物检疫,是防止动物传染病、寄生虫病和植物危险性病、虫、杂草以及其他有害生物传入、传出国境,保护农、林、牧、渔业生产和人体健康,维护对外贸易信誉,履行国际义务的一项重要工作。

随着改革开放政策的实施和农业生产、对外贸易以及旅游业的迅速发展，进出境动植物、动植物产品的数量和种类大幅度增加，传播病虫害的可能性也随之增大，进出境动植物检疫立法更显紧迫。

1991年10月30日，第七届全国人民代表大会常务委员会第二十二次会议审议通过了《中华人民共和国进出境动植物检疫法》。该法对防止动物传染病、寄生虫病和植物危险性病、虫、杂草以及其他有害生物传入、传出国境，保护农、林、牧、渔业生产和人体健康，促进对外经济贸易的发展具有重大意义。

二、主要内容

《中华人民共和国进出境动植物检疫法》共8章50条，主要包括进境检疫，出境检疫，过境检疫，携带、邮寄物检疫，运输工具检疫等五个方面的内容。

（一）进境检疫、出境检疫、过境检疫

本法规定的这三种检疫，虽然性质上讲是一致的，但是其内容却又有不尽相同的地方。

我国实行进出境检验检疫制度的目的是为了防止动物传染病、寄生虫病和植物危险性病、虫、杂草以及其他有害生物传入、传出国境，保护农、林、牧、渔业生产和人体健康，促进对外经济贸易的发展。口岸出入境检验检疫机构实施动植物检验检疫监督管理的方式有：实行注册登记、疫情调查、检测和防疫指导等。

（二）携带、邮寄物检疫

携带、邮寄物检疫，是指国家检疫机关对携带、邮寄物等进行安

全检查的活动。携带、邮寄植物种子、种苗及其他繁殖材料进境的，必须事先提出申请，办理检疫审批手续。

（三）运输工具检疫

运输工具检疫，主要是指对来自动植物疫区的船舶、飞机、火车抵达口岸时，由口岸动植物检疫机关实施检疫。这些被检疫的运输工具，主要是运输病虫害、车辆、泔水、动植物性废弃物、动植物、动植物产品和其他检疫物、供拆船用的废旧船舶等。

三、典型案例

近日，天津某公司委托某贸易公司从上海口岸代理进口两批未梳的含脂剪羊毛。货物在入境前均办理了检疫审批手续，《进境动植物检疫许可证》中规定的"进境后的生产、加工、使用、存放单位"为张家港市某洗毛厂。货物入境后，该公司将货物分别调运至江阴和昆山的洗毛厂，且在上述货物未经法定检验的情况下，全部进行了销售。

该公司的行为违反了进出境动植物检疫法及其实施条例和《进出口商品检验法》及其实施条例的规定，构成了擅自运递检疫物和未经检验擅自销售未检商品两个违法行为，张家港检验检疫局依法对其进行了处罚。

【案件评析】

我国进出境动植物检疫法第十条规定："输入动物、动物产品、植物种子、种苗及其他繁殖材料的，必须事先提出申请，办理检疫审批手续。"同时，该法第三十九条规定："违反本法规定，有下列行为之一的，由口岸动植物检疫机关处以罚款：（一）未报检或者未依法办理检疫审批手续的；（二）未经口岸动植物检疫机关许可擅自将进境动植物、动植物产品或者其他检疫物卸离运输工具或者运递的；（三）擅自调离或者处理在口岸动植物检疫机关指定的隔离场所中隔离检疫的动植物的。"正如本案，天津某公司与某贸易公司签订委托进口合同，再由贸易公司对外签订进口合同，负责办理检疫审批手续，货物报检、通关后交付天津某公司。这种模式给委托方带来了很大的违法风险，即如果受托方不告知委托方检验检疫相关规定，委托方可能根本不知晓检疫审批中定点加工等规定，也不知道货物需要经检验方能使用、销售，极易在不知不觉中违反法律规定受到处罚。本案中，天津某公司未与贸易公司充分沟通，忽视了进口羊毛必须运往进境动植物检疫许可证中规定的生产、加工、存放、使用单位的规定，同时其未经检验擅自销售，最终遭受了处罚。

第八节 外贸法概述

一、外贸法的概念和特征

（一）外贸法的概念

对外贸易法律制度，是指一国对其外贸活动进行行政管理和服务的所有法律规范的总称。

一国的外贸法律制度是其为保护和促进国内产业，增加出口，限制进口而采取的鼓励与限制措施，或为政治、外交或其他目的，对进出口采取鼓励或限制的措施。它是一国对外贸易总政策的集中体现。对外贸易法律制度的范围包括：关税制度，许可证制度，配额制度，外汇管理制度，商检制度以及有关保护竞争、限制垄断及不公平贸易等方面。

（二）对外贸易法律制度的基本特点

对外贸易法律制度，与其他部门法相比具有如下几个特点：

1．它调整的是国家管理对外贸易这一纵向法律关系，属于公法范围。对外贸易法与涉外民商法调整的范围是不同的，后者调整的是平等的民商事主体之间的权利和义务关系。而前者调整的则是政府与企业之间纵向的对外贸易法律关系。

2．当代对外贸易法律制度，已经突破了传统意义上的只调整货物进出口关系的范围。现代对外贸易法，其调整的对象，既包括货物贸易，也包括服务贸易，如电信、金融、教育、旅游、法律服务等，还包括技术贸易。

3．对外贸易法律制度，一般具有广义与狭义之分。广义上的对外贸易法律制度，不仅包括调整货物贸易、服务贸易和技术贸易的内容，还包括以外国直接投资为代表的各类生产要素跨国间流动方面的法律、法规和政策。狭义上的对外贸易法律制度，主要限定在管理国际贸易（货物、服务及技术）的法律、法规。

4．当今世界各国，以美国为首的西方发达国家（不是全部）的对外贸易法律制度中一般含有管理外资的内容，而且是作为整个外贸法的重要组成部分；而广大的发展中国家，包括我国的外贸法在内，往往是把管理外资的法律制度与管理国际贸易的外贸法相分离的。

5．对外贸易法律制度是与WTO及国际惯例靠得最近受其影响最大的一个部门法，因此它必然带有深刻的国际法的烙印。

二、我国现行对外贸易法律制度

我国的对外贸易法律制度是指国家对货物进出口、技术进出口和国际服务贸易进行管理和控制的一系列法律、法规和其他具有法律效力的规范性文件的总称。

(一) 宪法

我国的宪法明确把我国实施改革开放基本国策写进了序言，同时还明确规定了国务院负责管理外贸的权力。

(二) 对外贸易法

经过十多年（始于1983年）的努力，1994年5月12日，《中华人民共和国对外贸易法》由第八届全国人民代表大会常务委员会第七次会议审议通过，于同年7月1日正式生效。2004年4月6日第十届全国人民代表大会常务委员会第八次会议对该法进行了修订。

我国对外贸易法是我国对外贸易法律制度的基本法，是整个外贸制度的核心，它规定了对外贸易经营许可证制度、配额关税和海关制度、关税壁垒、检验制度、两反一保制度、货物进出口制度等。

(三) 行政法规

我国外贸法制度中一个重要渊源，就是由国务院颁布的大量行政法规，可以这么说，我国对外贸易法律制度实施的主要依据就是内容广泛的行政法规，其内容涉及工商、海关、商检、外汇、税收、原产地、运输等各方面。中国"入世"以后，根据WTO规则以及我国"入世"时的承诺，国务院在货物贸易、技术贸易及服务贸易三个领域都颁布了行之有效的行政法规。

在货物贸易和技术贸易领域内，国务院先后颁布的主要行政法规有：《货物进出口管理条例》、《技术进出口管理条例》、《反倾销条例》、《反补贴条例》、《进出口关税条例》、《进出口货物原产地条例》、《出口加工区加工贸易管理暂行办法》等。

在服务贸易领域，我国政府根据承诺颁布了一系列新的行政法规，主要有：《外资金融机构管理条例》、《外贸保险公司管理条例》、《外商投资电信企业管理规定》、《国际海运条例》等。所有这些行政法规，基本上涉及服务贸易的各个主要领域，为逐步实施我国"入世"承诺创造了良好的法律环境。

（四）部门规章

与外贸有关的各部委，尤其是主管外经贸的原外经贸部，在处理外贸具体工作时，往往根据具体问题，颁布专门的部门规章。这些规章的特点是：1. 可操作性强；2. 针对性明确；3. 颁布和废除都较方便；4. 与法律、法规保持一致。

☆《中华人民共和国对外贸易法》重点知识解读

一、立法背景

对外贸易，是指货物进出口、技术进出口和国际服务贸易。

《中华人民共和国对外贸易法》自 1994 年 5 月 12 日颁行以来，对于促进我国外贸事业的健康有序发展起到了应有的作用。但其不足之处也日益显现出来,主要是其已不适应我国外贸的飞速发展和"入世"后的形势。为履行"入世"承诺,更好地承担WTO成员义务,更充分地享受WTO成员权利,适应并促进我国外贸快速发展,建设市场经济和法治国家,有必要对其进行修订。2003年12月22日,外贸法的修订正式进入了全国人民代表大会常务委员会的立法程序。可以说,此次修订外贸法,是在经济全球化不断发展,我国"入世"的大背景下,为进一步扩大对外开放、发展对外贸易而进行的重大立法行为。

2004年4月6日,第十届全国人民代表大会常务委员会第八次会议正式对对外贸易法进行了修订完善。

新修订的外贸法更具可操作性,减少和规范了行政审批,完善了外贸促进体系,建立、健全了贸易防御和贸易救济法律体系。

二、主要内容

《中华人民共和国对外贸易法》共11章70条,主要包括对外贸易经营者、货物进出口与技术进出口、国际服务贸易、与对外贸易有关的知识产权保护、对外贸易秩序、对外贸易调查、对外贸易救济、对外贸易促进等八个方面的内容。

(一)对外贸易经营者

对外贸易经营者,是指依法办理工商登记或者其他执业手续,依照本法和其他有关法律、行政法规的规定从事对外贸易经营活动的法人、其他组织或者个人。

对外贸易经营者实行登记备案制,法律法规对特定贸易有资质、资格规定的,应当具备相应的资质或者资格。实行国营贸易管理货物的进出口业务只能由经授权的企业经营,但国家允许的除外。

（二）货物进出口与技术进出口

国家准许货物与技术的自由进出口。但是，国家对进出口的货物和进出口的技术，采取了一定的限制措施。

国家对限制进口或者出口的货物，实行配额、许可证等方式管理；对限制进口或者出口的技术，实行许可证管理。

进出口货物配额、关税配额，由国务院对外贸易主管部门或者国务院其他有关部门在各自的职责范围内，按照公开、公平、公正和效益的原则进行分配。

（三）国际服务贸易

我国在国际服务贸易方面根据所缔结或者参加的国际条约、协定中所作的承诺，给予其他缔约方、参加方市场准入和国民待遇。国务院对外贸易主管部门和国务院其他有关部门，对国际服务贸易进行管理。

国家基于下列原因，可以限制或者禁止有关的国际服务贸易：

1．为维护国家安全、社会公共利益或者公共道德，需要限制或者禁止的；

2．为保护人的健康或者安全，保护动物、植物的生命或者健康，保护环境，需要限制或者禁止的；

3．为建立或者加快建立国内特定服务产业，需要限制的；

4．为保障国家外汇收支平衡，需要限制的；

5．依照法律、行政法规的规定，其他需要限制或者禁止的；

6．根据我国缔结或者参加的国际条约、协定的规定，其他需要限制或者禁止的。

(四) 与对外贸易有关的知识产权保护

本法所指的与对外贸易有关的知识产权保护，是指国家通过制定相关的法律、行政法规对进行对外贸易活动产生知识产权争议的权益予以的保护。

(五) 对外贸易秩序、调查、救济、促进

本法规定，在对外贸易经营活动中，不得违反有关反垄断的法律、行政法规的规定实施垄断行为。针对对外贸易经营活动中产生的秩序，国务院对外贸易主管部门可以自行或者会同国务院其他有关部门，依照法律、行政法规的规定对相关事项进行调查。国家根据对外贸易调查结果，可以采取适当的对外贸易救济措施。国家实行上述行为后，应该通过总结制定对外贸易发展战略，建立和完善对外贸易促进机制。

三、修法亮点

亮点一：自然人可从事外贸经营活动。

根据原外贸法的规定，我国自然人不能从事外贸经营活动。然而实际上，在技术贸易、国际服务贸易和边贸活动中，自然人从事外贸经营的现象十分普遍。而且，根据我国的"入世"承诺，在贸易权方面应给予所有外国个人和企业不低于给予中国企业的待遇。因此，新外贸法将外贸经营者的范围扩大至自然人。

亮点二：货物贸易和技术贸易的外贸经营权放开。

根据原外贸法的规定，从事货物进出口与技术进出口的外贸经营，必须具备相应条件，并经国务院外贸主管部门许可。然而，根据我国"入世"承诺，我国应在"入世"后3年内取消外贸权的审批。因此，

新外贸法规定，外贸经营者经依法登记即可以从事货物进出口和技术进出口。此种登记只是备案性质，而不能是审批。

亮点三：几种情形下可"叫停"进出口。

WTO 协定在主张贸易自由化的同时，也附有诸多例外，WTO 成员在必要时可援引这些例外规定限制和禁止进出口。我国原外贸法所规定的限制和禁止进出口的项目内容有限，不利于充分保护我国的经济安全和国家利益。因此，在 WTO 协定允许的范围内，新外贸法对"叫停"进出口的情形作了补充和明确。这些规定增强了可操作性，表明新外贸法不仅重视发展对外贸易，也强调保障国家安全和公共利益。

亮点四：保护与外贸有关的知识产权。

知识产权保护逐渐成为各主要贸易国家维护国家利益的重要手段。因此，我国新外贸法也增加了"与对外贸易有关的知识产权保护"一章。该章规定，进出口货物侵犯知识产权，并危害外贸秩序的，国务院外贸主管部门可以在一定期限内禁止侵权人生产、销售的有关货物进出口。而且，如果其他国家或者地区未给予我国民待遇或未能提供充分有效的知识产权保护的，国务院外贸主管部门可以依法对与该国家或地区的贸易采取必要的措施。这将有力促进我国知识产权在国外的保护。

亮点五：新增"对外贸易调查"，完善对外贸易救济制度。

对外贸易调查有助于保护本国产业和市场秩序。在贸易救济措施日益被滥用的背景下，为更好地保护国内产业的利益，新外贸法增加了"对外贸易调查"的相关内容。新外贸法规定，国务院外贸主管部门可以对贸易对国内产业及其竞争力的影响、有关国家或者地区的贸易壁垒、贸易救济所需要调查的事项、规避国外贸易救济措施的行为、外贸中有关国家安全利益的事项等进行调查，还明确规定了对外贸易调查的程序。新外贸法对反倾销、反补贴、保障措施等贸易救济制度也作了较系统的规定，使贸易救济方面的"三条例"不至于显得突兀。

亮点六：外贸公共服务体系将惠及广大社会公众。

"入世"以后，我国基础性、公益性数据库建设取得了明显进展，但是外贸公共服务体系建设仍然滞后，公共信息服务意识薄弱，亟待改善。新对外贸易法第五十四条规定国家建立外贸公共服务体系，并将该体系的服务对象由外贸经营者拓展为其他社会公众，这是一个很大的进步。

此外，新外贸法还加大了对违法行为的处罚力度，规定建立预警应急机制和外贸统计制度，加强在外贸活动中的反垄断。

四、典型案例

南京甲厂向新西兰乙公司出口一批全棉浴巾，但甲厂本身并不具备外贸经营权，于是双方找到有外贸经营权的南京丙公司要求合作，约定由丙公司代理出口该批货物。不久，新西兰乙公司与南京丙公司签订了进出口合同。合同上写明卖方为南京丙公司，买方为新西兰乙公司；装运期也作了约定；付款方式为船运后60天电汇，质量以乙公司代表在工厂验货为准。货到后，乙公司认为，货物存在质量问题，造成其经济上的损失，故拒不付款，并要求丙公司予以赔偿；丙公司则认为质量问题与己无关，是由乙公司代表在工厂验货，应由厂方与乙公司解决，坚持要求乙公司依约付款。中国进出口商品检验总公司新西兰有限公司对货物进行了检验，认为的确存在质量问题，乙公司遂向丙公司寄发检验报告，并以防止进一步损失为由低价处理了该批货物，随后向丙公司提出索赔。乙公司向中国国际贸易仲裁委员会南京分会提请仲裁，仲裁庭开庭对本案进行审理，丙公司从这笔业务中非但没有得到任何货款，还为此成为被申请人的位置，面临乙公司经济赔偿的要求。

【案件评析】

我国对外贸易法第十二条规定，对外贸易经营者可以接受他人的委托，在经营范围内代为办理对外贸易业务。也就是说，有外贸经营权的公司、企业，根据无外贸经营权的公司、企事业单位及个人的委托，以自己的名义办理进出口业务。它的产生是以我国外贸经营权的审批制为基础的。在目前的情况下，代理关系并非完全出于双方当事人的自愿，代理人也仅以自己的名义对外订立进出口合同。本案中，表面为外贸代理，实际是出口合同。丙公司盲目信任作为生产厂家的甲厂和外方买主的乙公司，非但没有与甲厂订立委托协议，同时也根本没有注意到自身作为进出口合同一方当事人的法律责任和义务，导致其在合同履行过程中出现问题时，未获任何利益，却担负了全部的责任。即使在仲裁中获胜，其为此付出的精神上和物质上的代价也是巨大而不可弥补的。丙公司的教训不可谓不深重。

☆《中华人民共和国台湾同胞投资保护法》重点知识解读

一、立法背景

台湾同胞来大陆投资的日益增多,促进了海峡两岸的经济贸易交流与发展。与此同时,一些台胞投资者对国家是否会对其投资实行国有化和征收存有疑虑,希望国家通过立法对保护台胞投资作出明确规定。因此,1994年3月5日第八届全国人民代表大会常务委员会第六次会议审议通过了《中华人民共和国台湾同胞投资保护法》。该法的颁布实施对保护和鼓励台湾同胞投资,促进海峡两岸的经济发展具有重大意义。

二、主要内容

《中华人民共和国台湾同胞投资保护法》共15条,主要包括国家对台湾同胞投资的政策、台湾同胞投资企业的设立及经营、台湾同胞投资企业纠纷的处理三个方面的内容。

(一)国家对台湾同胞投资的政策

国家鼓励和保护台湾同胞在大陆投资设产,并依法保护台湾同胞投资者的投资、投资收益和其他合法权益。为消除台湾同胞的顾虑,本法规定,国家对台湾同胞投资者的投资不实行国有化和征收;在特殊情况下,根据社会公共利益的需要,对台湾同胞投资者的投资可以依照法律程序实行征收,并给予相应的补偿。

(二) 台湾同胞投资企业的设立及经营

设立台湾同胞投资企业,应当向国务院规定的部门或者国务院规定的地方人民政府提出申请。

台湾同胞投资者可以用可自由兑换货币、机器设备或者其他实物、工业产权、非专利技术等作为投资,可以举办合资经营企业、合作经营企业和全部资本由台湾同胞投资者投资的企业(以下统称台湾同胞投资企业),也可以采用法律、行政法规规定的其他投资形式。在台湾同胞投资企业集中的地区,可以依法成立台湾同胞投资企业协会,其合法权益受法律保护。

台湾同胞投资者依法享受国家规定相关优惠政策,依法获得的投资收益、其他合法收入和清算后的资金,可以依法汇回台湾或者汇往境外。

(三) 台湾同胞投资企业纠纷的处理

台湾同胞投资企业纠纷的处理,是指台湾同胞关于投资企业发生纠纷时选择何种处理的方式。实际上,和我国纠纷处理的方式一样,台湾同胞可以选择协商、调解及起诉等方式来进行。

三、典型案例

海南省某客运公司是台商成立的,该公司于2001年投入人民币3个亿,购进10辆日本三菱五十一座飞机座仓式豪华大巴车,行驶海口至三亚间。车辆进口后,公司将近一年才领到牌照,就在拿牌照的当日下午车辆挂牌后不到4小时,停放在钱家村的车辆于凌晨2时左右被人泼油烧毁两辆,损失约6000万元人民币。但是,报案后,公安部门以没有经费办案,要公司付3万元办案经费搪塞,致使案件至今未破,已成九年之积案。

【案件评析】

我国台湾同胞投资保护法第三条规定:"国家依法保护台湾同胞投资者的投资、投资收益和其他合法权益。"也就说,对于本案中某客运公司报送的案件,该公安部门应该积极办理,保护台湾同胞的合法权益。各级政府及其职能部门要增强法制观念,坚持依法行政。在台商投诉的案件中,较多反映有些职能部门存在办事程序不规范、不作为等情况,影响了政府的形象,挫伤了台商投资的积极性。为此,建议各级政府及其职能部门,要进一步理顺涉台工作机制,规范行政执法行为,保证行政执法公正、公平、公开,强化服务功能,提高办事效率,为台商营造一个投资经营的好环境。

第九节　经济促进法概述

为了促进循环经济发展,提高资源利用效率,保护和改善环境,实现可持续发展,减少和避免污染物的产生,保障人体健康,促进经济与社会可持续发展,我国制定了关于促进经济发展的的相关法律法规,主要有:

1.《全国人民代表大会常务委员会关于批准〈广东省经济特区条例〉的决议》;

2.《中华人民共和国乡镇企业法》;

3.《中华人民共和国中小企业促进法》;

4.《中华人民共和国清洁生产促进法》;

5.《中华人民共和国循环经济促进法》。

☆《中华人民共和国乡镇企业法》重点知识解读

一、立法背景

乡镇企业,是指以农村集体经济组织或者农民投资为主,在乡镇(包括所辖村)举办的承担支援农业义务的各类企业。

乡镇企业是我国农民根据党和国家的方针政策,结合国情,解放和发展农村生产力的伟大创举。1984年3月,鉴于宪法修改后,设立了乡政权,实行政社分开,原公社、大队将逐步转化为乡、村合作经济组织,同时农村中又出现了许多部分农民联营的合作企业、其他形式的合作工业和个体企业,并将逐步向小集镇集中,因此党中央、国务院确定将这些企业和原社队企业统一改称为乡镇企业。之后,我国乡镇企业即呈现出"异军突起"蓬勃发展之势,对促进农业发展起到了重要的作用。乡镇企业已成为我国农村经济的重要支柱和国民经济的重要组成部分。在乡镇企业发展的不同时期,党中央、国务院都及时制定了一系列正确的方针政策和措施,有力地促进了乡镇企业的发展。但是这些政策、措施还没有通过法律的形式稳定下来,乡镇企业发展还存在一些困难。为此,我国急需出台乡镇企业法。

1996年10月29日,第八届全国人民代表大会常务委员会第二十二次会议审议通过了《中华人民共和国乡镇企业法》。该法的颁布实施对扶持和引导乡镇企业持续健康发展，保护乡镇企业的合法权益，规范乡镇企业的行为，繁荣农村经济，促进社会主义现代化建设具有重大意义。

二、主要内容

《中华人民共和国乡镇企业法》共 43 条，主要内容包括乡镇企业的设立、乡镇企业的生产经营、乡镇企业的管理、国家扶持政策四个方面的内容。

（一）乡镇企业的设立

经依法登记设立的乡镇企业，应当向当地乡镇企业行政管理部门办理登记备案手续。乡镇企业改变名称、住所或者分立、合并、停业、终止等，依法办理变更登记、设立登记或者注销登记后，应当报乡镇企业行政管理部门备案。

乡镇企业在城市设立的分支机构，或者农村集体经济组织在城市开办的并承担支援农业义务的企业，按照乡镇企业对待。

（二）乡镇企业的生产经营

乡镇企业在生产经营活动中，要自主经营，自负盈亏。国家保护乡镇企业的合法权益，任何组织或者个人不得违反法律、行政法规干预乡镇企业的生产经营，撤换企业负责人；不得非法占有或者无偿使用乡镇企业的财产。

（三）乡镇企业的管理

乡镇企业依法实行民主管理，投资者在确定企业经营管理制度和企业负责人，作出重大经营决策和决定职工工资、生活福利、劳动保护、劳动安全等重大问题时，应当听取本企业工会或者职工的意见，实施情况要定期向职工公布，接受职工监督。

（四）国家扶持政策

国家根据乡镇企业发展的情况，在一定时期内对乡镇企业减征一定比例的税收。减征税收的税种、期限和比例由国务院规定。国家运用信贷手段，鼓励和扶持乡镇企业发展。县级以上人民政府依照国家有关规定，可以设立乡镇企业发展基金，专门用于扶持乡镇企业发展。

国家积极培养乡镇企业人才，鼓励科技人员、经营管理人员及大中专毕业生到乡镇企业工作，通过多种方式为乡镇企业服务。

国家采取优惠措施，鼓励乡镇企业同科研机构、高等院校、国有企业及其他企业、组织之间开展各种形式的经济技术合作。

三、典型案例

某设备有限责任公司创办于20世纪80年代，原为村办企业，最初以生产配电箱和简单的开关为主。1997年成功转制为股份制企业。2007年销售收入6505万元，实现利润总额219万元，现有资产规模3000多万元。公司现在主要从事0.4—35kV高低压开关元件及高低压配电成套设备的生产和销售。近年来，企业注重技术转型，与北京某大学电气工程院密切合作，大力开发智能型高压开关及断路器，市场前景广阔。公司2006年共有员工131人，其中技术人员22人。2007年公司研发投入比重为20%，近年来研发投入年均增幅达6%。近五年来，公司的技术人员和研发人员数量和所占的比重均不断增加。

【案件评析】

我国乡镇企业法第二十三条第二款规定:"乡镇企业通过多渠道、多形式培训技术人员、经营管理人员和生产人员,并采取优惠措施吸引人才。"同时该法第二十四条规定:"国家采取优惠措施,鼓励乡镇企业同科研机构、高等院校、国有企业及其他企业、组织之间开展各种形式的经济技术合作。"本案中,该公司顺应乡镇企业法的要求,通过与北京某大学合作开发新型智能开关系统,提升了技术水平,创新能力得到快速提升,并且还非常注重对关键技术人员进行培养,造就了一批经验丰富的专业设计人员。因此,作为乡镇企业应依照我国乡镇企业法的相关规定,大力进行改革和创新,促进企业长期、健康、稳定发展。

☆《中华人民共和国中小企业促进法》重点知识解读

一、立法背景

中小企业是我国国民经济和社会发展中的一支重要力量,在促进市场竞争、增加就业机会、方便群众生活、推进技术创新、推动国民经济发展和保持社会稳定等方面发挥着重要作用。但中小企业也面临着许多困难和问题,特别是与大企业相比,在获得资金、技术、人才和信息等方面遇到的困难更大,在市场竞争中处于弱势地位。许多国家如美国、日本、德国、韩国、巴西等,通过制定专门的中小企业法,有效地改善了中小企业的经营环境,促进了中小企业发展。

为促进我国中小企业健康发展,借鉴国外成功的做法,经过广泛调研和深入讨论,多次组织专家论证,充分听取了各方面意见,第九届全国人民代表大会常务委员会第二十八次会议于2002年6月29日审议通过《中华人民共和国中小企业促进法》,并于2003年1月1日起正式实施。

中小企业促进法是我国扶持和促进中小企业发展的第一部专门法律,标志着我国促进中小企业发展走上规范化和法制化轨道。法律的公布实施,必将对我国各类所有制中小企业的创立与发展产生巨大的推动作用。

二、主要内容

《中华人民共和国中小企业促进法》共7章45条,主要包括资金支持、创业扶持、技术创新、市场开拓、社会服务五个方面的内容。

(一)资金支持

中小企业的资金支持,主要来自两种渠道:一种是国家的财政、税收、成立的基金;另一方面是地方的财政、基金等。

本法规定,国家通过税收政策,鼓励对中小企业发展基金的捐赠。中国人民银行及其他金融机构应当为中小企业提供金融支持。

(二)创业扶持

中小企业创业扶持,是指政府有关部门应当积极创造条件,提供必要的、相应的信息和咨询服务,在城乡建设规划中根据中小企业发展的需要,合理安排必要的场地和设施,支持创办中小企业。

（三）技术创新

中小企业技术创新，是指通过国家制定政策，鼓励其按照市场需要，开发新产品，采用先进的技术、生产工艺和设备，提高产品质量，实现技术进步。

国家在中小企业技术创新中给予更多的帮助和扶持。国家对作出技术创新的中小企业给予贷款贴息政策，为中小企业提供技术信息、技术咨询和技术转让服务，为中小企业产品研制、技术开发提供服务，促进科技成果转化，实现企业技术、产品升级。同时，鼓励中小企业与研究机构、大专院校开展技术合作、开发与交流，促进科技成果产业化，积极发展科技型中小企业。

（四）市场开拓

在市场开拓方面，国家鼓励和引导中小企业和大企业进行合作，拉动中小企业健康、快速发展。通过合并、收购等方式规范中小企业；中小企业在技术交流方面，国家提供帮助和指导；国家鼓励中小企业举办产品展览展销和信息咨询活动。

（五）社会服务

社会服务，是指国家结合中小企业自身的经营状况，建立健全中小企业服务体系，促进中小企业的发展。国家鼓励各类社会中介机构为中小企业提供创业辅导、企业诊断、信息咨询、市场营销、投资融资、贷款担保、产权交易、技术支持、人才引进、人员培训、对外合作、展览展销和法律咨询等服务；鼓励有关机构、大专院校培训中小企业经营管理及生产技术等方面的人员，提高中小企业营销、管理和技术水平。

☆《中华人民共和国清洁生产促进法》重点知识解读

一、立法背景

改革开放以来,我国的经济实现了高速发展,但是也带来了严重的环境污染和生态破坏。我国环境污染严重的根本原因在于我国多数企业尚未从根本上摆脱粗放型经营方式,结构不合理,技术装备落后,能源原材料消耗高、浪费大,资源利用率低。为了预防污染和减轻污染对环境和公众健康的危害,提高企业的经济效益和竞争能力,有效解决污染转移问题,从根本上减轻因经济快速发展给环境造成的巨大压力,制定清洁生产促进法迫在眉睫。《中华人民共和国清洁生产促进法》已由第九届全国人民代表大会常务委员会第二十八次会议于2002年6月29日通过,自2003年1月1日起施行。这部法律的制定对防治因生产经营对环境造成的污染,改善生态环境,保护公众的健康,促进企业开展清洁生产工作,实现我国经济和社会的可持续发展,具有重要意义。

二、主要内容

《中华人民共和国清洁生产促进法》共6章42条,主要包括清洁生产的推行、清洁生产的实施、鼓励措施三个方面的内容。

(一)清洁生产的推行

负责清洁生产推行政策制定的机关是国务院及其有关行政主管部门和省、自治区、直辖市人民政府。清洁生产的推行涉及节能、节水、废物再生利用等环境与资源保护方面的产品标志；涉及将清洁生产技术和管理课程纳入有关高等教育、职业教育和技术培训体系；涉及新闻出版、广播影视、文化等单位和有关社会团体。

（二）清洁生产的实施

清洁生产的实施涉及更多领域，包括产品和包装物的设计；生产大型机电设备、机动运输工具；农业生产者的农业生产活动；餐饮、娱乐、宾馆等服务性企业的生产经营活动；建筑工程建设活动；矿产资源开发、开采活动等。

把清洁生产纳入建设项目环境保护管理程序的规定。对建设项目环境影响评价和环境保护设施建设的内容和程序，本法都相应作出了具体规定。清洁生产措施中的有关"清洁"的原料、技术、工艺和设备，包括污染防治技术，均是相对原有污染危害相对较大、资源利用效率更低和污染物处理效果较差的原料、技术、工艺和设备而言的。随着技术进步和经济发展，现在认为清洁的原料、技术、工艺和设备，可能被更加清洁的原料、技术、工艺和设备所替代。

（三）鼓励措施

本法所讲的鼓励措施，是指国家通过建立清洁生产表彰奖励制度，对在清洁生产工作中做出显著成绩的单位和个人，由人民政府给予表彰和奖励。

国家建立清洁生产表彰奖励制度的规定，主要有：

1．表彰和奖励是指对于某种有利于社会发展的行为予以公开的表扬、奖赏和鼓励，包括精神上的表彰和物质上的奖励。

2．对在清洁生产工作中做出显著成绩的单位和个人给予表彰和奖励的办法可以分为两类：一类是物质上的奖励，如发给一定数额的奖金、晋升工资等；另一类是精神上的表彰，如授予光荣称号、通报嘉奖等。

三、典型案例

某有限公司于1993年建厂，1994年投产，是一家中型民营化工企业。主要产品有三大系列：以保险粉为中心的硫化工系列；以双氧水为中心的过氧化物系列；综合利用基础上的气体产业。大搞综合利用是提高企业绿色竞争力的关键。该公司投产十年以来，保险粉的价格从7000元/吨降到少于4000元/吨，以10万吨计，年损失利润就有3个亿。但公司每年仍有1亿多元的利润，从一定意义上讲，这是大搞综合利用赚回来的。该公司把造气产生的废氢气生产双氧水，把生产焦亚和甲酸钠的废气回收制成食品级二氧化碳和干冰，把生产保险粉的残液回收生产甲酸钠，别人扔掉又污染环境的东西都拣回来充分利用了，形成了世界独创的一整套综合利用方案。

【案件评析】

我国清洁生产促进法第十九条规定："企业在进行技术改造过程中，应当采取以下清洁生产措施：……（三）对生产过程中产生的废物、废水和余热等进行综合利用或者循环使用……"以及该法第二十六条规定："企业应当在经济技术可行的条件下对生产和服务过程中产生的废物、余热等自行回收利用或者转让给有条件的其他企业和个人利用。"本案中，该公司把造气产生的废氢气生产双氧水，把生产焦亚和甲酸钠的废气回收制成食品级二氧化碳和干冰，把生产保险粉的残液回收生产甲酸钠的做法，符合该法律条文的要求。因此，企业在生产发展中,要贯彻和执行我国清洁生产促进法的精神,保证企业自身健康、有序的良性发展。

☆《中华人民共和国循环经济促进法》重点知识解读

一、立法背景

循环经济是指在生产、流通和消费等过程中进行的减量化、再利用、资源化活动的总称,也是资源节约和循环利用活动的总称。循环经济作为一种新的发展模式,是在我国传统的高消耗、高排放、低利用的经济增长模式所带来的资源约束和环境压力背景下提出来的。上世纪80年代以来,我国经济快速增长,各项建设成就显著,但同时经济发展与资源环境的矛盾也日趋尖锐。

环境污染加重趋势尚未得到根本遏制,生态破坏问题日趋严重,资源能源形势更加严峻,国际环境压力也日益加大。要解决上述问题,破解制约我国经济社会发展的结构性矛盾,就必须大力发展循环经济,在保护环境、节约资源的同时保持经济平稳较快发展。而推进循环经济的发展,必须在统一的社会规范和法律体系下,把资源节约、环境建设同经济发展、社会进步有机地结合起来。这样既保证资源环境对经济发展的支持,又保证经济发展对资源节约和环境改善的促进,实现符合科学发展要求的良性循环。为此,中央领导同志对发展循环经济及其立法工作高度重视,多次作出重要批示。2005年3月,胡锦涛总书记在中央人口、资源、环境工作会议上指出,要"大力宣传循环经济理念,加快制定循环经济促进法"。全国人大常委会于2005年12月决定将制定循环经济促进法补充列入立法计划,第十一届全国人民代表大会常务委员会第四次会议于2008年8月29日审议通过了《中华人民共和国循环经济促进法》。

循环经济促进法的颁布实施,是深入贯彻落实科学发展观、依法推进经济社会又好又快发展的现实需要,是落实党中央提出的实现循环经济较大规模发展战略目标的重要举措。当前,贯彻实施循环经济促进法、发展循环经济还将推动形成一批新产业和新产品,对拉动内需、创造新的就业岗位、解决民生问题具有积极的现实意义。

二、主要内容

《中华人民共和国循环经济促进法》共7章58条,主要包括基本管理制度、减量化、再利用和资源化、激励措施四个方面的内容。

(一) 基本管理制度

关于循环经济基本管理制度,国务院循环经济发展综合管理部门会同国务院环境保护等有关主管部门编制全国循环经济发展规划;国务院循环经济发展综合管理部门会同国务院统计、环境保护等有关主管部门建立和完善循环经济评价指标体系;国务院标准化主管部门会同国务院循环经济发展综合管理和环境保护等有关主管部门建立健全循环经济标准体系。

(二) 减量化

本法所称减量化,是指在生产、流通和消费等过程中减少资源消耗和废物产生。减量化涉及的领域包括:从事工艺、设备、产品及包装物设计;工业企业;使用高效节油产品的企业;电力、石油加工、化工、钢铁、有色金属和建材等企业;内燃机和机动车制造企业;餐饮、娱乐、宾馆等服务性企业等。

(三) 再利用和资源化

本法所称再利用,是指将废物直接作为产品或者经修复、翻新、再制造后继续作为产品使用,或者将废物的全部或者部分作为其他产品的部件予以使用。

本法所称资源化,是指将废物直接作为原料进行利用或者对废物进行再生利用。

(四) 激励措施

国家实施的激励措施包括财政和税收两方面的优惠,设立发展循环经济的有关专项资金,支持和鼓励循环经济企业的发展;对促进循环经济发展的产业活动给予税收优惠,减少这些企业的负担,保证其健康、有序的发展。

三、典型案例

山东省章丘市总面积 1855 平方公里,耕地面积 114 万亩,小麦常年种植面积 78 万亩、玉米 65 万亩,年产秸秆 60 余万吨。为实现秸秆的综合循环利用,建设资源节约型农村,当地采取多项措施,积极探索秸秆综合利用的有效途径,使全市秸秆利用率达到了 85%,不仅有效遏制了秸秆焚烧、污染环境现象的发生,而且为农民增收找到了新的经济增长点。

【案件评析】

我国循环经济促进法第三十四条规定:"国家鼓励和支持农业生产者和相关企业采用先进或者适用技术,对农作物秸秆、畜禽粪便、农产品加工业副产品、废农用薄膜等进行综合利用,开发利用沼气等生物质能源。"按照本法的规定,山东省章丘市大力发展畜牧养殖,实现了过腹还田。畜牧养殖不仅可以充分利用农村劳动力,增加农民收入,而且可以大量消化作物秸秆,变废为宝。目前,章丘市大牲畜存栏量达28万头,其中肉牛13万头,奶牛3万头,仅此一项,每年可消化玉米秸秆30多万亩。"山东奶牛第一镇"高官寨镇奶牛存栏量达到1.8万头,有效地利用了本地及周边乡镇的玉米秸秆。除此之外,该市还大力发展秸秆气化,实现了能源循环利用。秸秆气化具有转换量大、安全性能高和适于规模化生产的特点,不仅可以综合利用农作物秸秆,而且有利于改善农民生活环境,提高生活质量。

附录：

全国人民代表大会常务委员会关于进一步加强法制宣传教育的决议

(2011年4月22日第十一届全国人民代表大会
常务委员会第二十次会议通过)

2006年至2010年，我国法制宣传教育第五个五年规划已顺利实施和完成，取得了明显成效。公民的宪法和法律意识明显增强，依法治理和法治创建活动有序推进，社会管理法治化水平进一步提高，法制宣传教育在服务经济社会发展、维护社会和谐稳定、落实依法治国基本方略中发挥了重要作用。现在中国特色社会主义法律体系已经形成，这是我国社会主义民主法制建设史上的重要里程碑，是中国特色社会主义制度逐步走向成熟的重要标志。法律的生命力在于实施。中国特色社会主义法律体系形成后，有法必依、执法必严、违法必究的任务更为突出、更加紧迫，对加强法制宣传教育提出了新的更高的要求。为适应全面建设小康社会和"十二五"时期经济社会发展需要，全面落实依法治国基本方略、加快建设社会主义法治国家进程，进一步增强全社会法治观念，有必要从2011年到2015年在全体公民中组织实施法制宣传教育第六个五年规划。为此，特作决议如下：

一、深入学习宣传以宪法为统帅的中国特色社会主义法律体系。要突出抓好宪法的学习宣传，深入学习宣传宪法确立的我国的国体政体、根本制度、根本任务、公民的权利和义务等主要内容和精神，进一步增强公民的宪法意识和社会主义民主法治观念，形成崇尚宪法、遵守宪法、维护宪法权威的良好氛围。深入学习宣传形成中国特色社会主义法律体系的重大意义、基本经验、基本特征，深入学习宣传中国特色社会主义法律体系的基本法律和促进经济发展、保障和改善民生、加强社会管理、反腐倡廉相关法律法规。深入开展社会主义法治理念教育，推进社会主义法治文化建设，弘扬社会主义法治精神，形成人人自觉学法守法用法和依法行政、公正司法的社会环境。

二、进一步增强法制宣传教育的针对性和实效性。法制宣传教育的对象是一切有接受能力的公民。广大公务员尤其是各级领导干部要带头学习宪法和法律，系统学习和熟练掌握与履行职责相关的法律法规，不断提高自身法律素质和法治观念，增强科学执政、民主执政、依法执政的自觉性；要充分认识依法行政、公正司法是法制宣传教育最有效的实践，增强依法决策、依法行政、公正司法的能力，不断改善领导方式和执政方式，做全社会学法守法用法的表率。要根据青少年的身心特点和接受能力，结合道德品质教育和公民意识教育，有针对性地加强法制宣传教育，努力培养青少年遵纪守法的行为习惯。企业经营管理人员、事业单位和新经济、新社会组织管理人员应当重点学习掌握与市场经济、经营管理相关的法律法规，增强诚信守法、依法管理、依法经营的观念。要在城乡基层群众中重点宣传与生产生活密切相关的法律法规，引导群众依法维护权益、表达诉求、化解纠纷，提高群众参与基层自治和其他社会管理活动的意识和能力。

三、进一步丰富法制宣传教育的形式和方法。法制宣传教育要深入群众、深入基层,生动活泼、通俗易懂,为群众所喜闻乐见,力戒形式主义。广播、电视、报刊等各类媒体要继续履行好社会责任,通过开办法制栏目(专栏、专版)等,广泛开展公益性法制宣传教育。要充分发挥互联网、移动通信等新兴媒体的特点和优势,积极开展法制宣传教育。要努力办好普法网站,充分发挥政府网及门户网站在法制宣传中的重要平台和示范带动作用。要丰富法制宣传教育进机关、进学校、进企业、进单位、进乡村、进社区的内容和形式,不断增强针对性和实效性。要完善并落实公务员法律学习培训制度,把法制宣传教育纳入公务员理论学习规划和各类干部培训机构教学课程。要充分发挥学校作为法制宣传教育重要阵地作用,保证中小学校法制教育课时、教材、师资、经费"四落实"。要充分运用"12·4"全国法制宣传日开展集中法制宣传教育活动,不断扩大法制宣传教育的覆盖面和渗透力。要坚持法制宣传教育与法治实践相结合,善于运用典型案例剖析和群众关心的热点问题开展法制宣传教育,深入推进多种形式、多种层次的法治实践活动,用法治实践推动法制宣传教育、检验法制宣传教育的实效。

四、完善法制宣传教育的组织领导和保障机制。各国家机关和武装力量、各政党、各社会团体、各企事业单位和各类组织,都要高度重视法制宣传教育工作,积极组织开展本部门、本单位以及面向社会的法制宣传教育。要完善法制宣传教育领导体制和工作机制,加强组织领导,加强执法主体的法制宣传教育责任,加强各部门间的协调配合,形成工作合力。法制宣传教育要纳入各地经济社会发展规划和政府目标管理,法制宣传教育经费列入本级政府财政预算,切实予以保障。各部门、各单位要结合实际,统筹安排,保证法制宣传教育工作正常开展。要进一步加大基层法制宣传教育各项投入，努力为基层深入开展法制宣传教育创造条件。

五、加强对本决议贯彻实施情况的监督检查。要进一步完善法制宣传教育考核评估机制，加强年度考核、阶段性检查。各级人民政府要切实组织实施好法制宣传教育第六个五年规划，做好中期督导检查和终期评估验收，并向本级人民代表大会常务委员会报告。各级人民代表大会及其常务委员会要充分运用执法检查、听取和审议工作报告以及代表视察、专题调研等形式，加强对法制宣传教育工作的监督检查，保证本决议得到贯彻落实。

司法部部长吴爱英就落实"六五"普法规划答记者问

从 1985 年我国制定第一个五年普法规划至今已经过去二十多年了，如今普法已成为我国社会主义民主法制建设的一件大事。党中央、国务院近期转发了"六五"普法规划，全国人大常委会也通过了进一步加强法制宣传教育的决议，司法部部长、全国普法办主任吴爱英就如何贯彻落实规划和决议回答了记者提问。

"六五"普法目标明确十项任务
助力"十二五"

记者：请您介绍一下今后五年法制宣传教育工作的指导思想、主要目标和任务是什么？

吴爱英：在"五五"普法顺利完成后，今年 3 月，党中央、国务院转发"六五"普法规划，4 月，全国人大常委会作出进一步加强法制宣传教育的决议,两个文件为做好新形势下法制宣传教育工作指明了方向。

根据全面落实依法治国基本方略,服务"十二五"时期经济社会发展的新形势,"六五"普法的指导思想是,坚持法制宣传教育与社会主义核心价值体系教育相结合、与社会主义法治理念教育相结合、与社会主义公民意识教育相结合、与法治实践相结合,深入开展法制宣传教育,深入推进依法治理,大力弘扬社会主义法治精神,努力促进经济平稳较快发展和社会和谐稳定,为夺取全面建设小康社会新胜利营造良好法治环境。主要目标是:通过深入扎实的法制宣传教育和法治实践,深入宣传宪法,广泛传播法律知识,进一步坚定法治建设的中国特色社会主义方向,提高全民法律意识和法律素质,提高全社会法治化管理水平,促进社会主义法治文化建设,推动形成自觉学法守法用法的社会环境。

"六五"普法规划确定了法制宣传教育的十项主要任务:突出学习宣传宪法、深入学习宣传中国特色社会主义法律体系和国家基本法律、深入开展社会主义法治理念教育、深入学习宣传促进经济发展的法律法规、深入学习宣传保障和改善民生的法律法规、深入学习宣传社会管理的法律法规、加强反腐倡廉法制宣传教育、积极推进社会主义法治文化建设、继续深化"法律进机关、进乡村、进社区、进学校、进企业、进单位"主题活动、深入推进依法治理。

为了确保这些目标任务的实现,要进一步完善党委统一领导、人大监督、政府实施、各部门配合、全社会共同参与的领导体制和工作机制,强化各级普法依法治理领导小组办公室力量,形成各负其责、协调配合、齐抓共管的普法工作格局;要抓紧研究制定地方部门普法规划或实施意见,切实做好宣传工作,为"六五"普法规划的贯彻实施营造良好的社会氛围；要着力加强法制宣传教育工作制度和评估体系建设，加强调查研究，推动法制宣传教育立法，为深入开展普法依法治理工作提供法制保障；要落实法制宣传教育经费保障；要大力加强法制宣传教育队伍建设和法制宣传教育阵地建设；要努力推进法制宣传教育工作创新，善于运用我国法治建设实践开展法制宣传教育，利用案例开展法制宣传教育，采用群众喜闻乐见的方式开展法制宣传教育，不断提高法制宣传教育实效。

领导干部和青少年将是这次普法的"重中之重"

记者："六五"普法规划强调要把领导干部和青少年作为法制宣传教育的重中之重，请问其意义何在？

吴爱英：突出重点，区别不同对象有针对性地开展法制宣传教育，是增强法制宣传教育实际效果的重要保证。实践证明，通过抓重点对象普法，能够有效促进全民法制宣传教育的深入开展。规划指出，法制宣传教育的对象是一切有接受教育能力的公民；强调要重点加强对领导干部、公务员、青少年、企事业经营管理人员和农民的法制宣传教育，把领导干部和青少年作为重中之重。

领导干部是中国特色社会主义事业的组织者和领导者，肩负着领导和管理国家各项事业的重要职责。在深入贯彻实施依法治国基本方略、实行依法执政的形势下，提高领导干部法律素质和依法办事的能力水平至关重要。领导干部带头学法守法用法，对于全民普法具有重要表率作用。因此，规划提出要切实加强各级领导干部法制宣传教育工作，不断提高领导干部的法治意识和依法执政、依法决策、依法行政的能力。

青少年是国家的希望，民族的未来。抓好青少年的法制宣传教育工作，不断提高青少年的法律素质，对于青少年的健康成长和国家长治久安都具有重要意义。因此，规划强调要根据青少年的特点和接受能力，结合公民意识教育，有针对性地开展法制宣传教育，引导青少年树立社会主义法治理念和法治意识，养成遵纪守法的行为习惯，培养社会主义合格公民。

通过"典型"起到示范宣传作用

记者："六五"普法如何深化依法治理和法治实践活动？

吴爱英：深入推进依法治理和法治创建活动，是全面落实依法治国基本方略的具体实践和有效途径。"六五"普法期间，要积极开展多层次多领域的依法治理工作，不断探索、创新和丰富依法治理实践形式。实践中要继续深入推进法治城市、法治县（市、区）创建活动，总结推广经验，建立健全制度，不断提高创建水平。要开展依法行政示范单位创建活动，推进部门行业结合自身特点开展依法治理，健全行政执法程序，规范行政执法行为，强化行政监督和问责，完善执法责任制、执法公示制和执法过错责任追究制，积极推进法律的有效实施，不断提高政府公信力和执行力。要积极开展基层法治创建活动，推进基层依法治理，促进基层民主法治建设。围绕社会热点难点问题和社会管理薄弱环节，开展法制宣传教育和专项治理活动，提高社会管理法治化水平。（新华社记者／崔清新）